一看就懂
紫微幸福開運
鄭莉安◎著

做你自己的命理師

我希望能寫一系列紫微斗數學習叢書，讓人人都能掌握命理獲得幸福，做自己的命理師。

隨著時代的進步，命理界歷久不衰，依然是人們最熱衷的話題。不論是學習者或是尋求命理師解決問題者，都反映了人們對於未來以及自我生存的一種強烈探求。

然而，你真正的解決了你自身的問題了嗎？

- 改變風水，你覺得你真正脫胎換骨，改運了嗎？
- 找了命理師，也接受了建議，但，你的問題真正解決了嗎？

這其中當然也牽涉到風水師或命理師本身的素質。但回歸到現實生活，我們會隨時碰到各種心理上、身體上或生活上的種種問題，但並不能保證隨時都能找到一位好的命理師。**人人都想得到解脫，獲得好運，但真正的好運是源自**

於自我生命的覺悟。

人要自助而後天助，好運必須靠自己。

讓我們來看看古人對命運的詮釋。

「命」為天，「運」為地，「命」是靜態，「運」是動態。

命

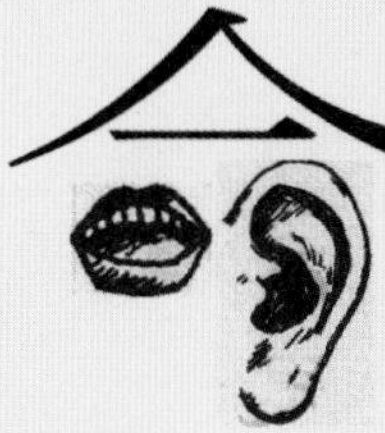

命是一個「**人**」加一個「**一**」字，表示天人合一。下面一個「**口**」加「**耳**」字，表示口耳相通，表裡如一。

命：是先天的時空加上父母的遺傳。是靜態，與生俱來的，例如家族姓氏、家庭背景、外貌、外觀、種族、血緣……等。

天表宇宙，人表自己。人與宇宙、自然越融合，越能合而為一，身體越長壽，運氣也會越好，是好命的象徵。

運

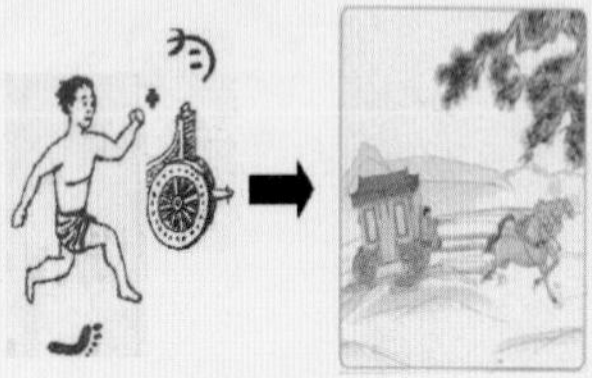

運是一個「**走**」加一個「**軍**」字，猶如一個人駕著一輛馬車奔跑在路上。一路上是「順風」還是「逆風」？是「坎坷」還是「平坦」？全憑自己駕馭。

運：是後天的影響。是動態，不是與生俱來的。可靠我們後天的行為、努力或修行來改變或彌補自己命格上先天的不足。例如：讀書、積德、改善人際關係等等。

一個人要提升自己的運氣，左右逢源，財氣亨通，首先要內、外結合。

內：身、心、靈三部分

- 身：健康的身體
- 心：愉快的心情
- 靈：穩定的精神

外：健康良好的社交

賞心悅目的外表

賞心悅目不是花枝招展，標新立異，而是令人看了很舒服的那種。試想如果你蓬頭垢面，不修邊幅，諒你有再好的內在美，都會令人難以接近。真正好運的是面露喜相，能帶給別人與自己快樂的人。改變外表，改變別人對你的視覺，就是幫自己創造好運。

讓我們再從紫微斗數的觀點切入。

眾所皆知，紫微斗數異於其他五術的特點在於「十二人事宮」，可以一目瞭然的知道與我命運相關的十二個人、事、物方面。

其中，命宮、疾厄宮、福德宮為支撐整張命盤，維繫人「命運」的三大支柱。

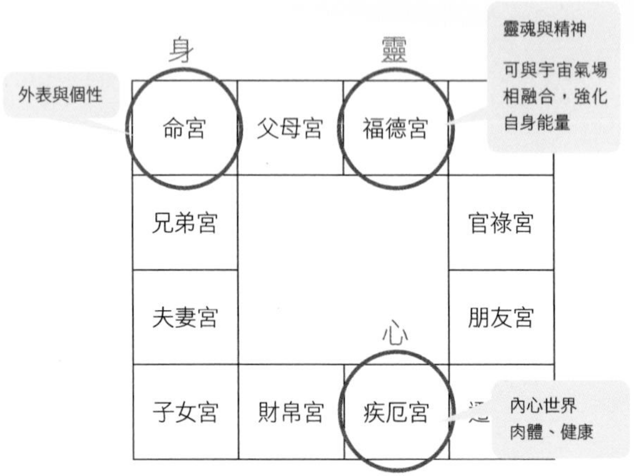

命宮：給人的第一印象，代表我的外表與個性。為我的軀殼。⬇身

疾厄宮：我的內心世界，代表我的健康與潛在性格。為我的肉體。⬇心

福德宮：代表我的精神與心靈。為我的靈魂。⬇靈

有趣的是它們各為一、六共宗，唇齒相依的關係。只要其中一宮扶上來，就能旺到十二宮，好運、財運自然來。

此書的學習重點在命宮、疾厄宮與福德宮，是一本「看」與「學」兼具的書籍，意旨教大家如何掌握上天所賦予你的生命密碼，瞭解生命密碼所暗藏著的生命啟示，好讓每一個人可以更清楚瞭解各自的特質、潛能及今生使命，繼

而知命、掌運、趨吉避凶，自行去啟動自己的好運，掌控自己的人生。

做你自己的命理師一點也不難，並不需要什麼才高八斗的學問，只要從內心深處發掘自我潛能，再從外觀、健康、心靈方面強化自己，無形中你會發現只是如此簡單動作，就能提升自己的磁場，為自己帶來好運。

瞭解自己，就能瞭解命運。

希望此書能為你打開紫微斗數神祕之窗，學會掌控自己的生命節奏，做你自己的命理師。

鄭莉安

2010年2月

紫微小插曲1：命可以改嗎？

這是我在課堂上時常被學生問到的問題，那就是「命可以改嗎？」

如前所述

命：是出生時空與父母遺傳，是先天的狀態，如家族姓氏、家庭背景、外貌、外觀、種族、血緣等，是定數，不能改變的東西。

運：是後天的行為，是變數，可靠後天的努力與修為來彌補或改變我們先天命格上的不足。是否咬著金鑰匙出生？有無顯赫的家庭背景？天生樣貌美不美？等，都不是人生不成功的藉口。

- 不是金鑰匙出生？就自己去製造金鑰匙。
- 沒有顯赫的家庭背景？就自己去創造顯赫的身世。
- 沒有迷人的樣貌？那就更不是藉口，應該加倍努力使自己變得更迷人。

古人對命運有很多豁然的看法，其中有孟子的「立命」觀，孟子說：「夭壽不貳，修身以矣之，所以立命也……是故知命者不立乎岩牆之下。」意思是說，不管命運長短，我都不會三心二意，只是培養身心以待天命，這就是安身立命之道……，也因此懂得命運的人是不會站在有傾倒危險的牆壁之下。

各位，看出了這段話的玄機了嗎？人一定會有吉凶禍福、生老病死，這些根本都不用去擔心它，因為這是天理循環必經的結果。天命雖然不可違，但卻可以盡力去做好它、豐富自己的生命。讀書、增廣見聞、充實知識、修身養性、陶冶性情、改善人緣等，都能使自己的運氣改變。至於明知對面有一座快倒塌的危牆，聰明的你會去站在危牆底下，讓自己坐以待斃嗎？

人，該努力的是「如何培養自己的智慧」，而不是改「命」。「命」為何要改呢？華人血統能改成歐美血統嗎？父母能重新投胎換過嗎？

不滿意自己、對自己沒信心運氣一定不會好。唯有培養智慧才能使自己立於不敗之地。

聰明的你，會站在將要倒塌的危牆下嗎？

紫微斗數

紫微斗數盤的由來

生命密碼

生命密碼透露您的今生使命

紫微開運心法 個人氣場開運DIY

啟開宇宙神祕靈動力——福德宮

大家一起學紫微 圖片聯想讓你一看就懂

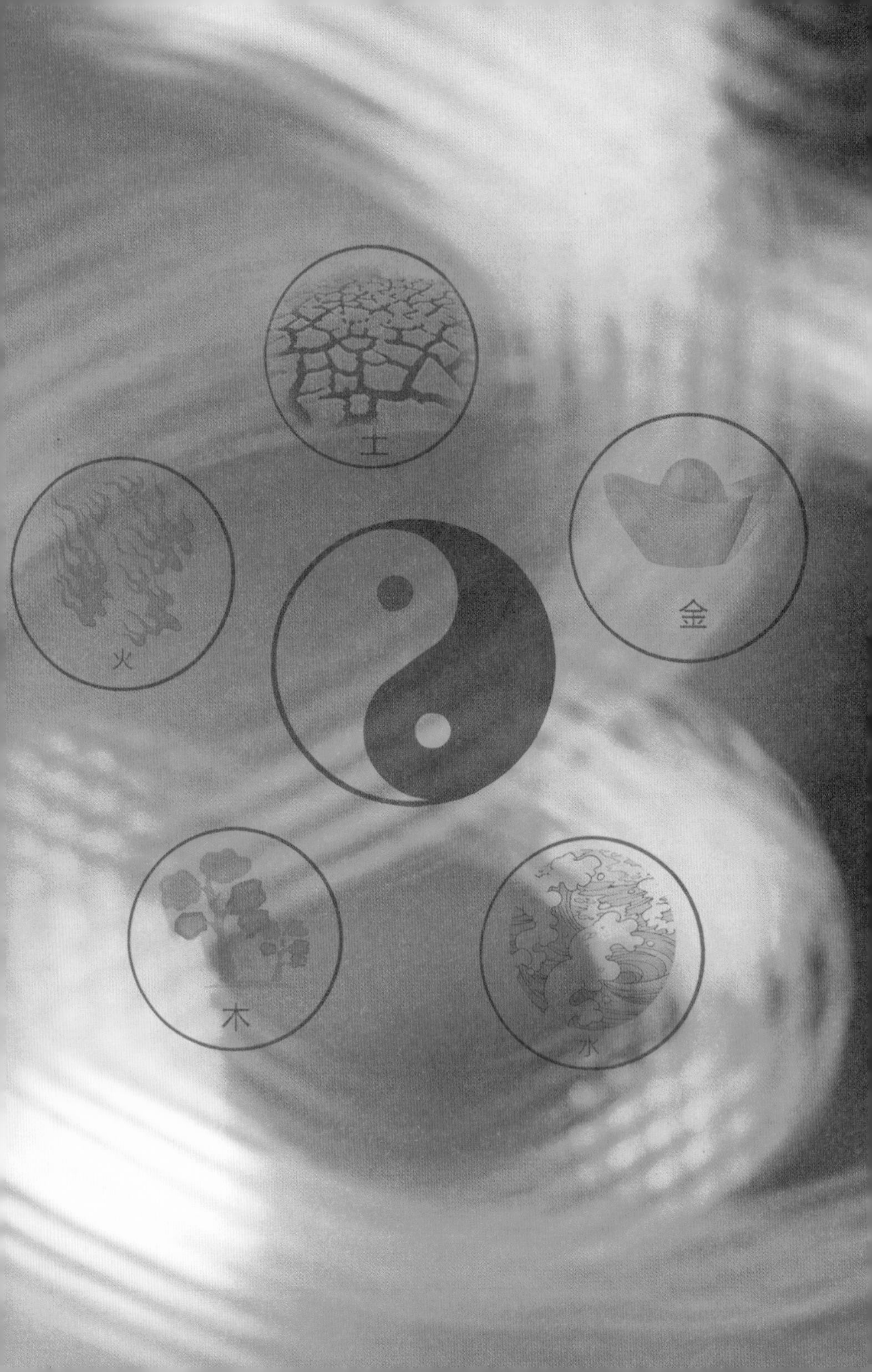
土
火
金
木
水

紫微斗數

一門中國古老的占星術

一套助皇帝的策略工具

一項洞悉周遭的觀察學

一種認識自己的論命術

何謂紫微斗數？

紫微斗數是道藏天文曆算中最具特色的星相學，並且一直是人們最受歡迎的命理學之一。它能流傳千年歷久不衰，是因它結合現代科學、心理、醫理、地理、潛能於一身，並具有很高的邏輯性與思考性。是一套智慧與科學理論兼具相當棒的命理工具！

地球上的每一個物體都擁有磁場與能量。人類自母體的那一剎那，便會各自帶著天地宇宙不同的陰陽氣場而呱呱落地，進而產生了人與人、人與物之間相吸或排斥的能量。這種能量類似於現今科學家所說的人體基因DNA。而紫微斗數就是利用這種特有的磁場與能量來分析、解讀我們人類的生命密碼，它是一種研究學術。

相傳它是由中國宋朝時代著名的道教祖師陳希夷所創。

陳希夷是一位學識淵博的星象學家，且當時的他也是皇帝身邊負責輔助皇帝一統天下的大臣。他仰觀天上的星斗，以一顆命名為「紫微」的皇帝星為中心，將圍繞在皇帝星身邊的各個星斗一一給予命名，並列出十二個人事宮位，來推算、預測人類生命動、靜態的軌跡與十二個與我們息息相關的人、事、物項。這就猶如征戰沙場一般，洞悉自

己身處狀況與「敵我關係」後，就能夠準確地、適當地給予一個有利的判斷與策略來協助我們行動。陳希夷當時就是運用「紫微斗數」這套策略工具，成功地幫助了宋朝的建國皇帝宋太祖擊敗敵人、統一天下、開邦立國。

然而，因這是一套幫助當時君王治理國政、一統天下的策略工具，因此蘊含了一份機密感與隱秘感。所以當時所謂的皇帝星以及圍繞在皇帝星周邊的各個星斗的名稱皆以虛名排入。有些學生喜歡開玩笑問我說，可否改名叫它「小薇」？如果你們高興的話也無妨，它就類似A、B、C一樣只是一個符號。因此在紫微斗數英文翻譯版裡面，大家時常會看到有人把「紫微」翻成「The Emperor」或「The King」或「Purple Star」（紫色星星？），七殺變成「7 Killer」（七個殺手？），破軍變成「Broken Soldier」（壞掉的軍士？）之類的。

因此，紫微斗數的意思呢？就是以紫微皇帝星為首，觀察圍繞在皇帝星身旁的星斗，與我互動的關係之後，進行推算吉凶，進而再來謀取策略的一種論命的工具，這就叫「紫微斗數」。因此，此「數」非彼「術」，它不是魔術，而是一種算數，即有推算之含意。

紫微：為各星斗的主宰，又稱為帝星
代表最高權威、尊貴之意

斗：是指天上各種的星斗，帶有行繞之意

數：代表算術＋、－、×、÷，1、2、3、4…
代表定數或變數
代表推算

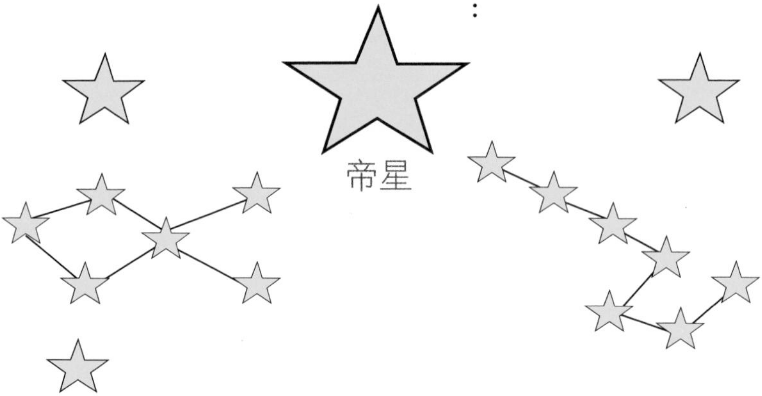

紫微斗數能幫到我們什麼？

人的一生中從出生到死亡，都不斷地在面對著選擇和決定。

如何在最佳時機做出最佳決策？

未來充滿著各式各樣的未知數，需要我們當機立斷的去選擇和決定。

紫微斗數彷彿是一張既精確又清晰的生命藍圖。不但可協助自己找到適合自己的方向，更可在自己生命出現十字路口時做出正確的判斷。擁有它、解讀它，你的生命將會出現截然不同的新意。

（紫微斗數能推算我們一生命運起伏的高低，協助我們做人生規劃）

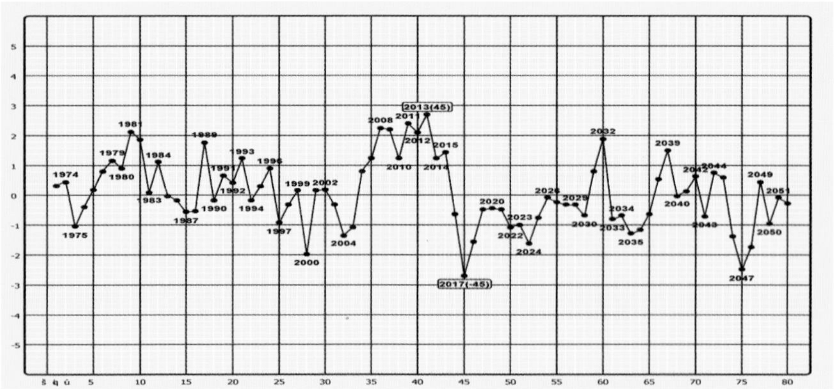

命運的相吸定律——四化

在紫微斗數的環節中，除了眾所皆知的星系以外，還有一個很重要的概念，那就是「四化」。

什麼是「四化」呢？

「四化」所表現的是一種「氣」，可為天地宇宙之氣，也可代表人體自然散發的一種氣場與磁場。

紫微斗數講究的是**氣**、**象**、**數**、**理**的學問，「氣」是一種看不到、摸不到，卻可以感覺得到的東西。例如：空氣、元氣、勇氣、志氣……等。當一個人來勢洶洶朝你迎面而來時，你會感覺到一股氣勢，當你與人對峙時，你也會感覺到一股緊張的氣氛。有些人明明沒有得罪你，長得也不難看，但不知為什麼，你就是看他不順眼。有些人你對他無怨無悔、盡心盡力的付出，卻換來對方的冷漠對待等。這是為什麼呢？這就是所謂的「氣場」。

人與人之間的緣分是一種磁場相吸定律。

人類經由母體的醞釀，會各自帶著不同的氣場與磁場而呱呱落地。若說宇宙是一個大氣場，而人體則是宇宙裡的小氣場。人體的氣場會自然散發出陰陽兩極，交感互動，而產生了人與人或物體之間的自然相吸或排斥的力量。所謂「類同相召、氣同則合、聲同則應」就是這個道理。

紫微斗數能透過「四化」的氣場，顯示一個人的潛在能力、情緒、思維、行為模式甚至於外形、健康等。**若能懂得如何善用此種氣場與磁場者，就能使自己更具吸引力與魅力，增加信心，**達到人緣、愛情、事業，甚至於身、心、靈更加圓滿與順利。

四化所表現的即祿、權、科、忌四種氣。

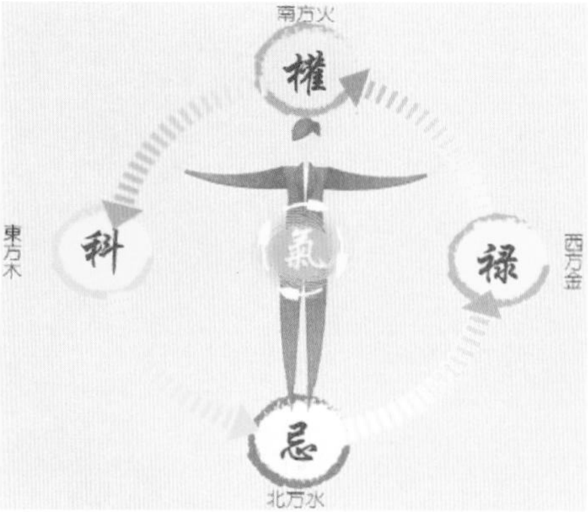

四化的基本含意

祿	化祿：是一種感覺舒服的、快樂的能量。可代表一個事件的「緣起」與「構思」。也可代表財富。
權	化權：是一種壓力的、霸性的、主宰的能量。可代表一個事件的「緣變」與「執行」。也可代表權力。
科	化科：是一種保守的、理性的、注重名聲的能量。可代表一個事件的「緣續」與「影響」。也可代表名氣。
忌	化忌：是一種困惑的、我執的，不斷消耗的能量。它可代表「得到」，也可代表一個事件的「失去」與「結束」。放開「己心」就能「得到」，「我執」就會「失去」。得到或失去？生命之鑰在您手中。

輕輕鬆鬆學會紫微斗數

紫微斗數是中國先人的智慧結晶，它是一種統計學，也是一種磁場相吸學。藉由觀察宇宙、天地磁場變化以及各種人、事、物等形象進行推理、演算出一種特定公式來解讀以及瞭解人生的一種學問。學會紫微斗數，就等於自己掌握生命之鑰，為自己知命、造命、掌握先機、發揮生命最大潛能是可以期待的。但是紫微斗數往往給人深奧難懂而且枯燥的一門學問的印象。其實只要掌握到當中訣竅，即能輕輕鬆鬆解開我們生命的密碼。

因此，我希望打破一般傳統學習的方法，在不失其原意的情況之下，利用圖片配合聯想力和記憶技巧，以有系統方式，由淺入深、一層一層帶領讀者揭開紫微斗數神祕的面紗，並能靈活地運用紫微斗數來幫自己開運，啟動自己的好運氣場。希望透過您對紫微斗數的瞭解，能幫您打開生命神祕之窗，一窺生命的奧妙，掌握生命的旋律，您會發現，原來您的人生可以更精彩、更充實、更圓滿哦！

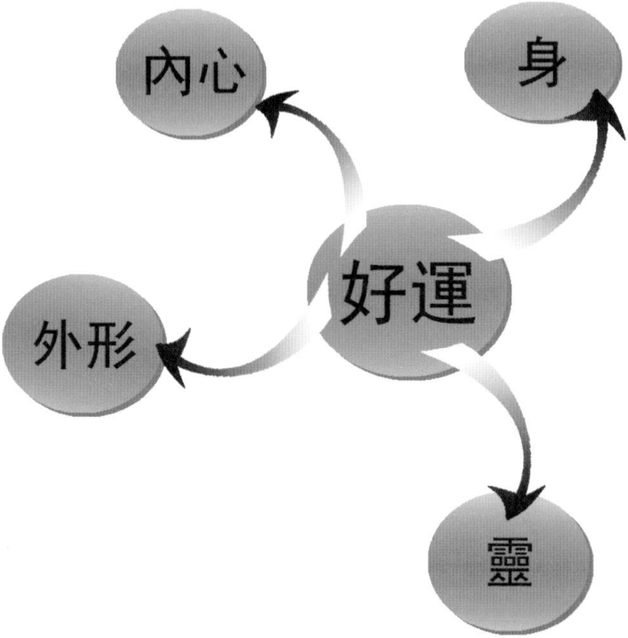
內心
身
好運
外形
靈

CAREER

紫微小插曲2：同年同月同日同時生之人是否有著相同的命？

這也是另一個在課堂上時常被學生問到的課題，那就是「同年同月同日同時生之人是否有著相同的命運？」

如前所述，影響命運的因素有分為先天（命：不可改）和後天（運：可改）。人的命運為何會有不同？這就得牽扯到時間與空間的因素。

古代聖賢是透過陰陽五行來解釋命運的。他們認為宇宙天地間有一股浩瀚力，稱為陰陽五行之氣。此力無時無刻不在影響著宇宙間的萬事萬物，而人與宇宙也無時無刻地在進行著信息和能量的交換，不同的時空、場所，宇宙天體對人的影響力會不同。也就是說，即使出生時間相同，也會因為出生地經緯度、遺傳、家居環境、教育等，而使人的命運千姿百態，各不相同。

講一個故事供大家參考：

話說朱元璋在得到天下後，由於害怕與他同年同月同時出生的人也會與他一樣得到天

下。於是下令捕抓與他同年、同月、同日、同時出生的所有男丁進行盤問並予以殺害。

有天他心血來潮，盤問其中一位與他同年、同月、同日、同時出生的男丁。

朱元璋：你以何為生？

男丁：養蜂為生。

朱元璋：養了多少蜜蜂？

男丁：九箱蜜蜂。

朱元璋突然恍然大悟，心中想：「我得了天下，分九州而治，以育萬民，而這位養了九箱蜜蜂，豈不和我相仿嗎？」

於是他終於放開了心中的「忌」，放了所有被關在牢裡與他同年、同月、同日、同時出生的所有男丁。

命運會因時間、空間不同，其結果也會不同。

相同的命盤，雖然出生時間相同，發展空間的不同，命運還是會有差距的。

土
金
火
木
水

紫微斗數盤的由來

紫微斗數盤的由來

1、河圖

相傳在遠古的伏羲氏時代，有一像龍像馬的物體出現於孟河水面。此「龍馬」物體背上負有黑白旋轉的小點圖形，並有順序地排成一列列的數目。後伏羲氏便利用此龍馬身上負有的圖案及圓點圖形，運用在陰陽、五行、八卦、地理及宇宙自然萬物之上。而紫微斗數盤的概念也來自於此「河圖」。

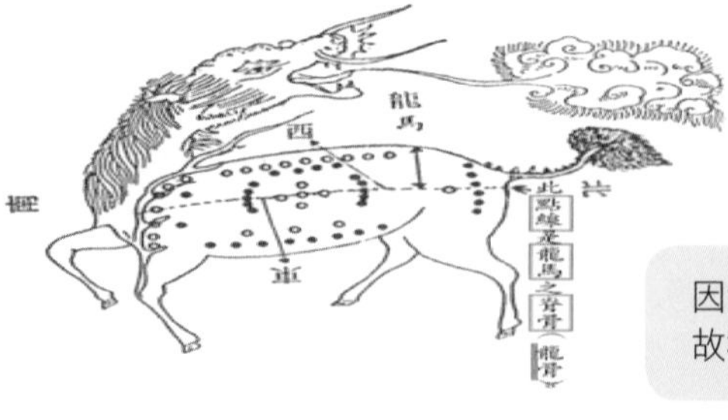

因龍馬負圖出於孟河，
故稱此圖為「河圖」

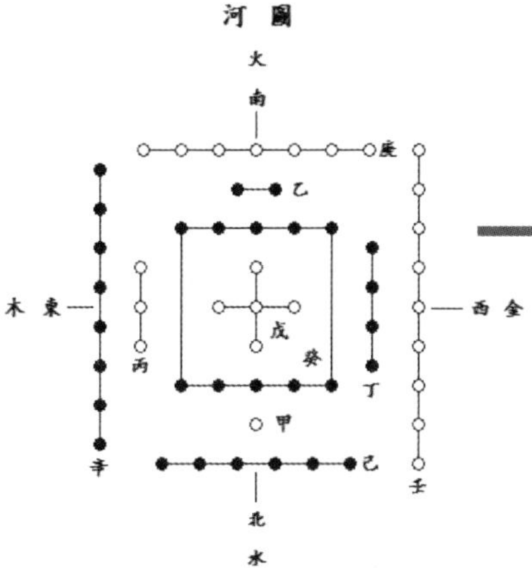

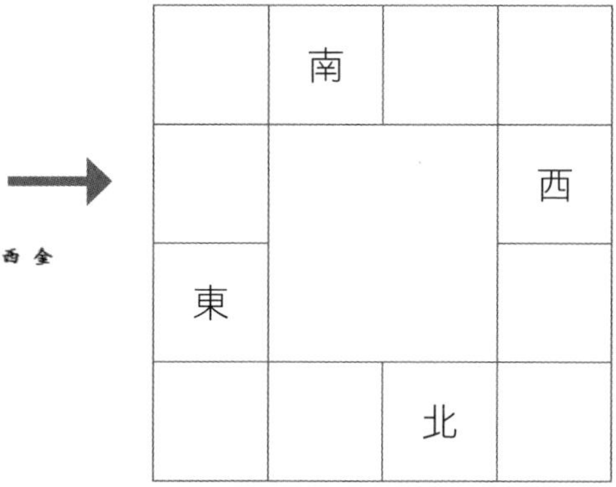

紫微斗數盤的概念來自於河圖

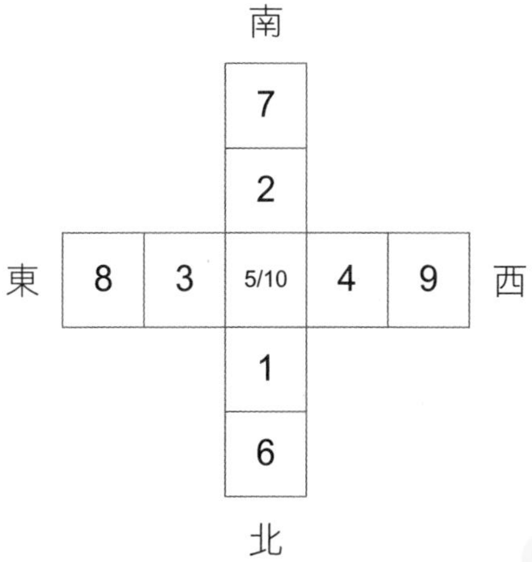

一、六共宗，居北方水
二、七同道，居南方火
三、八為朋，居東方木
四、九作友，居西方金
五、十同途，居中央土

所謂「龍馬」者，乃天地之精也。龍頭馬身，高五尺八寸，頸上有翼，可以蹈水不沒，非常神奇哦！

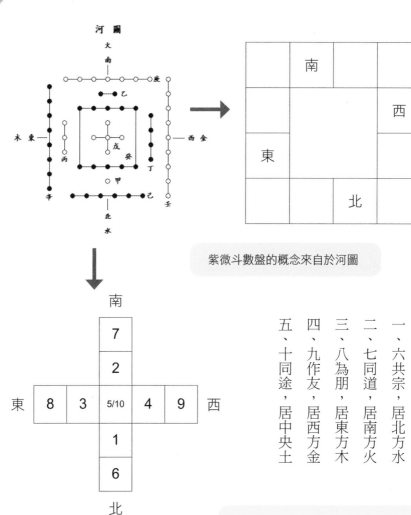

2、陰陽

太極圖

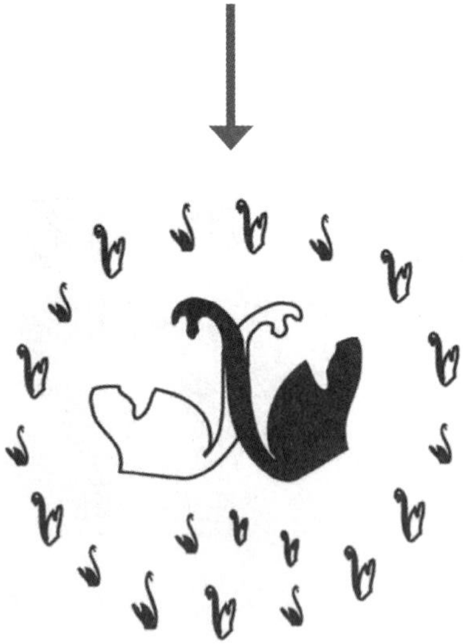

陰陽合而數生

伏羲氏先生又有一個很偉大的創見，那就是發明了陰陽的概念。他發現天有晝夜之分，月有陰晴圓缺，人類有男女，鳥類有雌雄，陰陽交泰，萬物始生。原來天地萬物都是由陰陽產生的。

於是他就以⚊為陽，⚋為陰，以單數為陽，偶數為陰。而發明了以下的「太極圖」，又稱為「兩儀」，為陰陽的概念。

想像力交流站

1. 此太極為何是圓的？
2. 太極中間有一個S形將此圓分成黑白兩半，為何不一直線將它直直分成兩半呢？
3. 為何白色上半部裡有個小黑點，黑色下半部裡有個小白點，為何會這樣？代表什麼意思呢？
4. 試想想，這世上若只有男沒有女，或只有女沒有男，那世界會變成怎麼樣呢？

太極圖的基本概念

太極圖的由來與傳說：

伏羲氏先生雖然對於大自然、草木盛衰、季節氣候變遷等素來就有一番的觀察與心得。但這些觀察並未真正的讓他對於天、地及宇宙氣場等可以理出個所以然來。有一次他漫步走近伊洛河靠近黃河之處，無形中看到河水清澈透明的伊洛河流入渾濁滔滔的黃河中，由於河水與河水衝擊力的作用，而在河口衝擊處形成了一個漩渦。他發現靠近黃河的半個漩渦中有一點伊洛河的清水，而在靠近伊洛河的半個漩渦中有一點黃河渾濁的水。他突然感覺一股強烈的精神震盪，這不就是河圖裡所謂的陰陽嗎？於是他便根據當時看到的情景繪出一個圖，就是各位所看到的「太極圖」。

太極基本概念：

- 太極本渾濁，代表天地宇宙之氣。
- 太極本乎動，含有生生不息、周而復始之意。
- 太極代表陰陽，陽中有陰，陰中有陽，陰陽交泰，萬物始生。
- 太極中有太極，物物一太極。

太極為何是圓形？因為它含有「擺動」、「振盪」之意，像盪鞦韆一樣，盪到最頂點時就會往回盪。盪回最低點時，又會往上揚。代表凡事物極必反、否極泰來。

此太極陰陽的概念應用在紫微斗數盤上，如左圖所示：

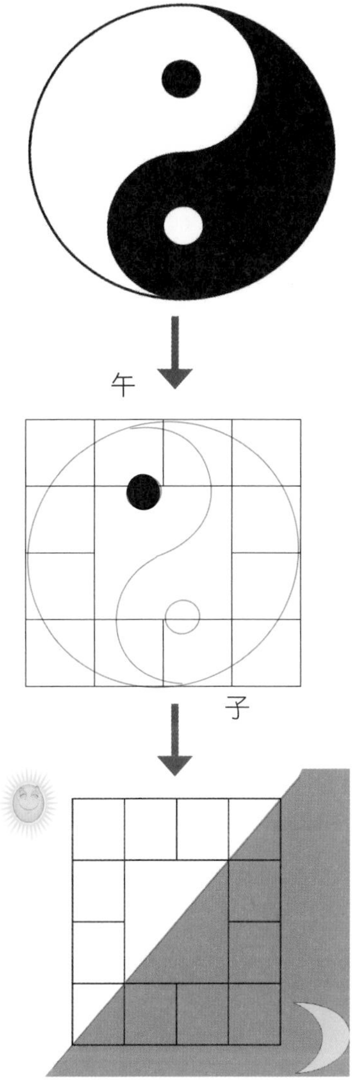

日月為易，易道陰陽
陰陽的思想體系
～～～太極～～～

斗數盤即是一個太極
宮宮可以立太極

陰陽的理念

3、四象八卦與斗數的四化象

太極		易有太極
兩儀	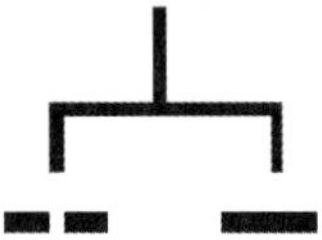 陰 陽	太極生兩儀（陰陽）
四象	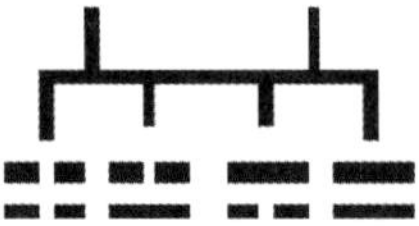 陰老 陰少 陽少 陽老	兩儀生四象（祿權科忌）
八卦	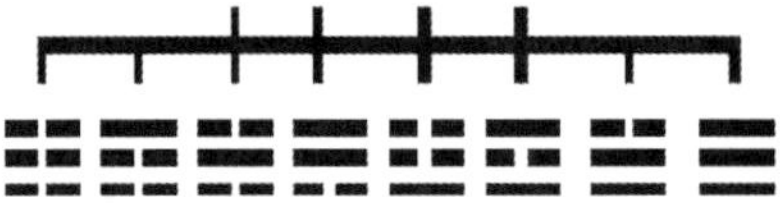 坤 艮 坎 巽 震 離 兌 乾	四象生八卦

伏羲氏先生發現了陰陽的概念後，他又將一根、兩根陰陽的符號，層層疊疊、加加減減，於是又發明了八卦，此八卦稱為「先天八卦」或「伏羲八卦」。

Q交流站：

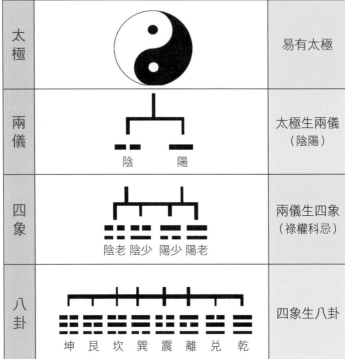

4、後天八卦與紫微斗數風水

後周文王便根據宇宙與中國古代地理方位圖，而將先天八卦做調整，並賦予方向與方位，我們稱為「後天八卦」或「文王八卦」。

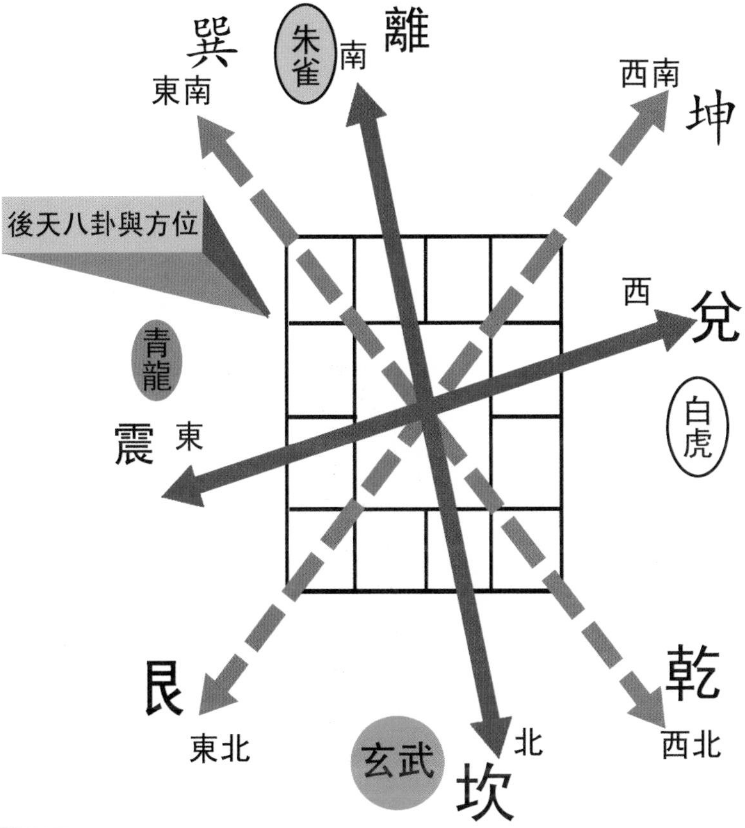

根據這個概念，紫微斗數盤就彷彿一個羅盤，擁有方向、方位與度數。甚至於可推測一間屋宅的外在風水與內局。

方向的概念1

方向的概念2

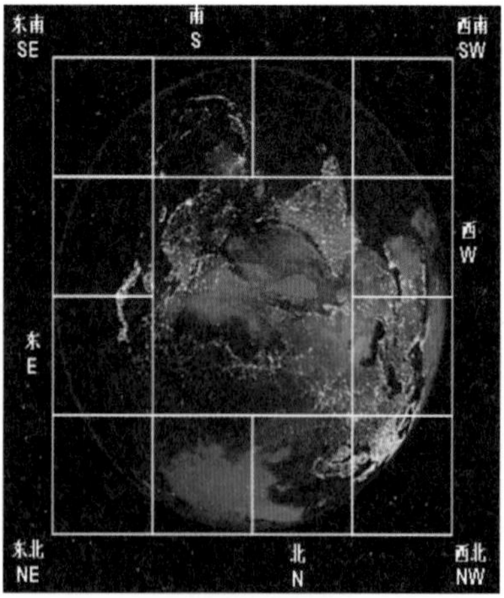

方向的概念3

斗數風水預測外局

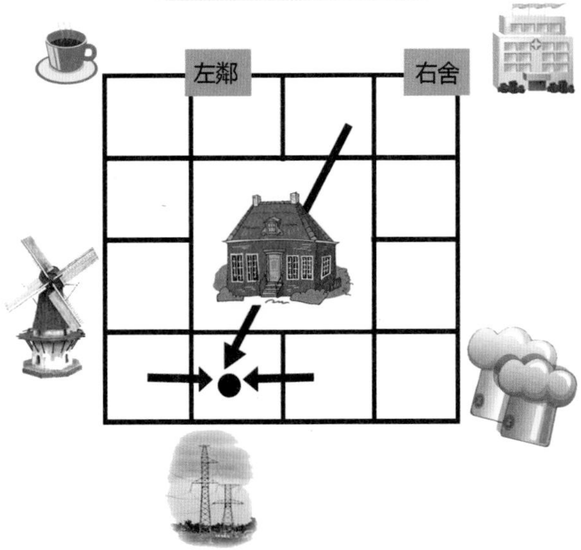

斗數風水看內局

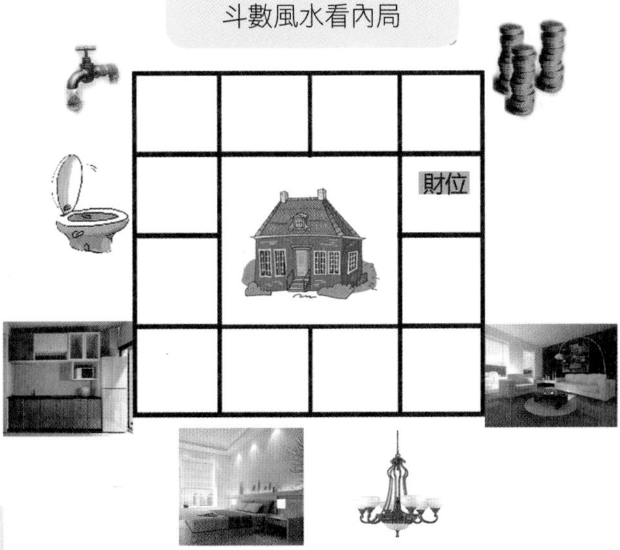

5、河圖與洛書

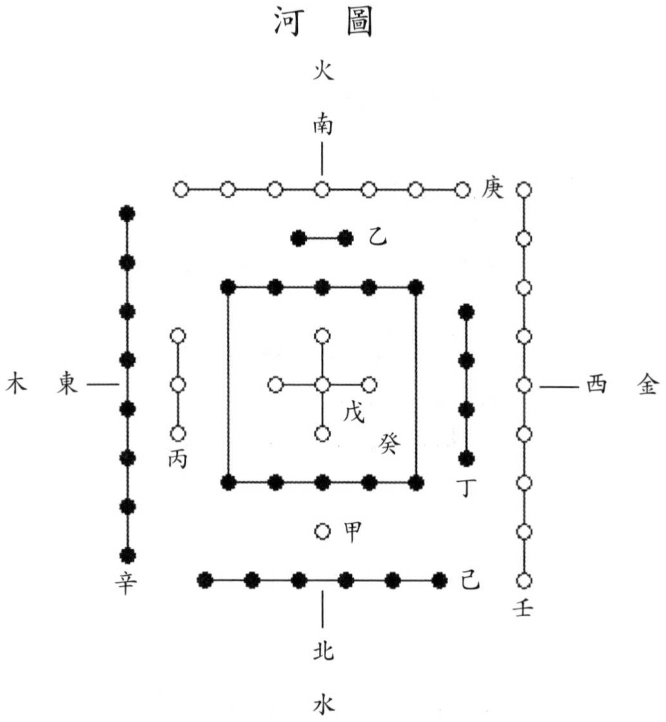

河圖

1，6共宗，居此方水

2、7為道，居南方火

3、8為朋，居東方木

4、9作友，居西方金

5，10同途，居中央土

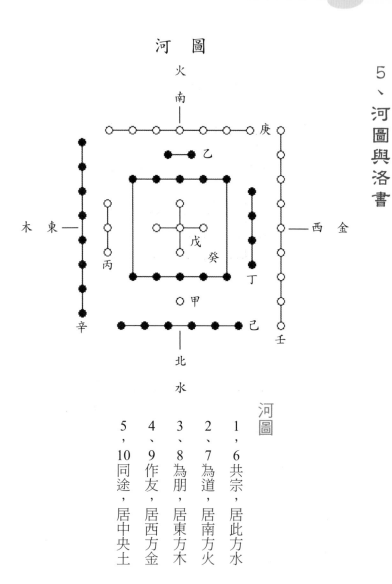

洛　書

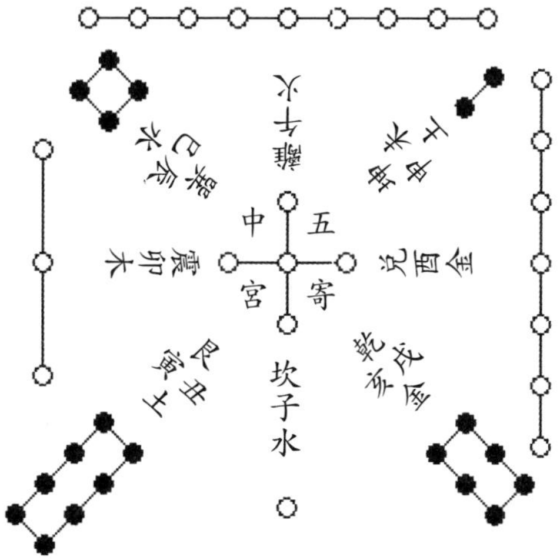

洛書九數

戴九履一
左三右七
二四為肩
六八為足
五居中宮

紫微小插曲3：老師，毛毛蟲沒有男和女？

這是一個有趣的問題。

有一次在講座會上，談到陰陽時，我說這個世界上到處都存在著陰陽，例如日為陽、月為陰，上為陽、下為陰，男為陽、女為陰……。

突然有一學生舉手，他說：「老師，不對，像毛毛蟲就沒有男女……」

我笑笑說：「毛毛蟲確實不分男女，但卻有雌雄、蝶或蛾之分啊！」

這樣對陰陽的認知實在太狹窄，陰陽的本質原則上可分為下列四種：

陰陽對立：指世間一切事物都存在著相互對立的陰陽兩面。如：上下、天地、動靜、男女、日月、剛柔、內外、明暗、君臣、左右、晝夜等。

陰陽互根：表示對立中又是互相依存的，沒有對方就顯示不出自己的存在。例如沒有上就沒有下，沒有冷就無法感覺熱，沒有丈夫就顯示不出妻子的溫柔，沒有悲傷就不知什麼是快樂。所謂孤陽不生，獨陰不長，一個巴掌

是響不起來的。

陰陽消長：消是指減少，長是指增加、增多的意思，是指你強我就弱、你弱我就強，互相制約以達到陰陽的平衡。但這種關係是必須在一定範圍、一定限度之內才能維持正常狀態，否則就陷於異常狀態。這本來是指自然生態現象，如春、夏、秋、冬四季的變換，身體五行調節等，但用在現實生活中，例如當丈夫感到無助徬徨時，妻子這時應適度變強，協助丈夫度過難關，以維持兩性關係的平衡。但如果這種強度過分時，也就是妻子過度強悍時，就會破壞這種平衡的狀態。

陰陽轉化：是陰陽消長的結果。如上例當某方力量過強時，會引起另一方的反彈，而引起反效果。即所謂物極必反。例如身體在高燒後可能急速變冷，當你在攻擊某人時，某人也可能正在醞釀著某種力量反過來攻擊你。這就是老子說的「反者道之動，弱者道之用」的意思。凡事要有道義與仁德，在高位時要謙虛，思索也許走下坡的可能。處處與人為善，你怎麼對人，將來那人就有可能是怎麼對你。

聽完我的講解後，有一學生調侃他：「若毛毛蟲咬你，你就變陰，毛毛蟲就變陽了……。」

全堂哈哈大笑。

生命密碼

生命密碼透漏您的今生使命

為什麼有些人天生對數字不敏感，有些人對愛情非常執著，又有些人難與上司、長輩共事？你是否曾有過類似疑問？是什麼主導著這些因素的呢？難道這就是所謂天生註定的緣分？

其實，自我們呱呱落地的那一剎那，即具備了與生俱來的能力與異於他人的氣場，每一個人都被賦予特別的生命密碼。

生命密碼，類似我們的DNA，它是一種氣場，能顯示我們的能力，影響我們的潛在思維、情緒、行為模式甚至於外形與健康。而間接地影響到我們的命運，以及人與人之間或物與物之間相互吸引或排斥的力量。

於是有人天生能歌善舞，有人一出生就是長跑健將，而造就此種差異的就有賴於生命密碼。

瞭解生命密碼所帶來的生命啟示，就能夠很精準的推算發生在我們生命中的種種因果變化，從出生到死亡一生的運勢起伏，包括事業抉擇、錢財運用、愛情、健康、今生使命，以及困擾我們一生最嚴重的事項、生命的轉捩點等。並能從中學習某種能力，協助我們做人生規劃，清楚自己對未來的抉擇，輕輕鬆鬆掌控成功的人生。

善於運用自我氣場之人，就能改變自我的命運、從內在思維、行為模式到外表、健康等，使自己更具吸引力與魅力，增加信心，進而使自己的人際關係、事業、愛情甚至於身、心、靈更加圓滿與順利。

生命密碼的精髓——生年四化

「四化」所代表的是一種「氣」，是一種與生俱來的潛在能力與氣場。四化所表現的即祿、權、科、忌四種氣。

紫微斗數是由一群星曜排列、組合，之後再加以進行推算，來論斷吉凶的一種論命學術。但是，星曜所能顯現的只是一種垂象，必須要有四化的引動才能呈現吉凶。而四化是中國先賢針對十天干對於天地陰陽盛衰、草木榮枯、大自然、宇宙氣場變化等進行周而復始的推演、驗證而來的。中國先賢發覺，原來天地間的氣場具有一定規律的重複性，就像是春、夏、秋、冬一樣，春天接下來是夏天，夏天過後是秋天，秋天完了是冬天，過完了嚴酷的冬天以後，又是春回大地，草木興榮，如此年復又始，循環不息。而人世間的許多事物也有一定規律的重

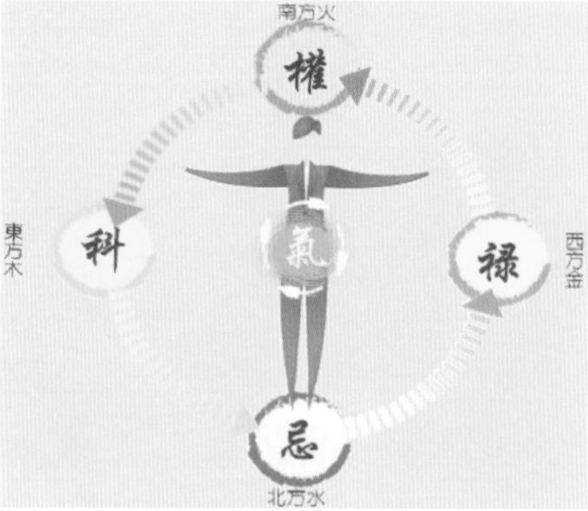

複性，從歷史、國家盛衰到個人命運等。

四化之祿↓權↓科↓忌，猶如卜卦中的生↓旺↓墓↓絕；恰如佛教裡的成↓住↓壞↓空；也宛如自然現象的興↓盛↓衰↓敗；四季裡的春↓夏↓秋↓冬。人世間的緣起↓緣變↓緣續↓緣滅，太極裡的無極↓太極↓萬物↓生生不息，如此不停地循環，具有輪迴之意。

抓住這綱要與原則，自然就能掌控自己的運勢起伏。凡事太順利到達極點的時候，就要思索開始走下坡的時候。當你覺得事情非常困惑到了一個瓶頸的時候，其實就是在暗示著我們該結束或改變某種東西，這樣子我們才會有轉機，也才會有新的機會再進來。

此單元不只教你如何找出自己生命密碼，還會教你如何啟動自己的好運氣場，使自己好運連連。

現在就讓我們一同來探索生命密碼所賦予的神祕使命吧！

找出您的生命密碼

條件：陽曆出生年
公式：取陽曆出生年個位數減3＝密碼編號
如個位數不足3者，取兩位數

例如：陽曆出生年1964年者，取個位數「4」
公式：4－3=1，⇩得知密碼編號為1，生年天干為「甲」。
如：陽曆出生年1970年者，取兩位數「10」（個位數不足3者，取兩位數）
公式：10－3=7，⇩得知密碼編號為7，生年天干為「庚」。
如：陽曆出生年1971年者，則取「11」
公式：11－3=8，⇩得知密碼編號為8，生年天干為「辛」。
如：那陽曆出生年1972年呢?則取「12」

公式：12−3=9，⇩得知密碼編號為9，生年天干為「壬」。

……以此類推。

以農曆大年初一為新生命密碼的開始

近年來在新、馬一帶，包括非華語系、西方人士或受西方美式教育者，對紫微斗數有興趣的人士越來越多，這是一個好現象，表示紫微斗數的科學理念越來越受各個不同階級及國籍的人士所接受。因此，我採用陽曆來計算我們的生命密碼。但其實密碼的計算法需以農曆年的歲次天干為準，也就是要以農曆大年初一才能算是一個新的年干的開始。比如說民國98年，西元2009年，大年初一是落在陽曆1月26日，因此，2009年1月26日以前出生者，生命密碼需以2008年來計算，也就是密碼「5」號。而1月26日以後出生者，密碼以2009年來計算，也就是「6」號。

找到自己的生命密碼了嗎？

如果你還不確定，沒關係，就讓我們來對照一下速查表吧！

紫微斗數是以農曆大年初一為跨年，以下提供陽曆與密碼的對照表，就可以輕輕鬆鬆的找到你的生命密碼了。

西元	生命密碼	陽曆出生日期	農曆歲次
1934年～1943年	1	1934年2月14日～1935年2月3日	甲戌
	2	1935年2月4日～1936年1月23日	乙亥
	3	1936年1月24日～1937年2月10日	丙子
	4	1937年2月11日～1938年1月30日	丁丑
	5	1938年1月31日～1939年2月18日	戊寅
	6	1939年2月19日～1940年2月7日	己卯
	7	1940年2月8日～1941年1月26日	庚辰
	8	1941年1月27日～1942年2月14日	辛巳

期間	數字	日期	干支
	9	1942年2月15日～1943年2月4日	壬午
	0	1943年2月5日～1944年1月24日	癸未
1944年～1953年	1	1944年1月25日～1945年2月12日	甲申
	2	1945年2月13日～1946年2月1日	乙酉
	3	1946年2月2日～1947年2月21日	丙戌
	4	1947年2月22日～1948年2月9日	丁亥
	5	1948年2月10日～1949年1月28日	戊子
	6	1949年1月29日～1950年2月16日	己丑
	7	1950年2月17日～1951年2月5日	庚寅
	8	1951年2月6日～1952年1月26日	辛卯
	9	1952年1月27日～1953年2月13日	壬辰
	0	1953年2月14日～1954年2月2日	癸巳

西元	生命密碼	陽曆出生日期	農曆歲次
1954年～1963年	1	1954年2月3日～1955年1月23日	甲午
	2	1955年1月24日～1956年2月11日	乙未
	3	1956年2月12日～1957年1月30日	丙申
	4	1957年1月31日～1958年2月17日	丁酉
	5	1958年2月18日～1959年2月7日	戊戌
	6	1959年2月8日～1960年1月27日	己亥
	7	1960年1月28日～1961年2月14日	庚子
	8	1961年2月15日～1962年2月4日	辛丑
	9	1962年2月5日～1963年1月24日	壬寅
	0	1963年1月25日～1964年2月12日	癸卯

1964年～1973年		
1	1964年2月13日～1965年2月1日	甲辰
2	1965年2月2日～1966年1月20日	乙巳
3	1966年1月21日～1967年2月8日	丙午
4	1967年2月9日～1968年1月29日	丁未
5	1968年1月30日～1969年2月16日	戊申
6	1969年2月17日～1970年2月5日	己酉
7	1970年2月6日～1971年1月26日	庚戌
8	1971年1月27日～1972年2月14日	辛亥
9	1972年2月15日～1973年2月2日	壬子
0	1973年2月3日～1974年1月22日	癸丑

西元	生命密碼	陽曆出生日期	農曆歲次
1974年～1983年	1	1974年1月23日～1975年2月10日	甲寅
	2	1975年2月11日～1976年1月30日	乙卯
	3	1976年1月31日～1977年2月17日	丙辰
	4	1977年2月18日～1978年2月6日	丁巳
	5	1978年2月7日～1979年1月27日	戊午
	6	1979年1月28日～1980年2月15日	己未
	7	1980年2月16日～1981年2月4日	庚申
	8	1981年2月5日～1982年1月24日	辛酉
	9	1982年1月25日～1983年2月12日	壬戌
	0	1983年2月13日～1984年2月1日	癸亥

1984年～1993年		
1	1984年2月2日～1985年2月19日	甲子
2	1985年2月20日～1986年2月8日	乙丑
3	1986年2月9日～1987年1月28日	丙寅
4	1987年1月29日～1988年2月16日	丁卯
5	1988年2月17日～1989年2月5日	戊辰
6	1989年2月6日～1990年1月26日	己巳
7	1990年1月27日～1991年2月14日	庚午
8	1991年2月15日～1992年2月3日	辛未
9	1992年2月4日～1993年1月22日	壬申
0	1993年1月23日～1994年2月9日	癸酉

西元	生命密碼	陽曆出生日期	農曆歲次
1994年～2003年	1	1994年2月10日～1995年1月30日	甲戌
	2	1995年1月31日～1996年2月18日	乙亥
	3	1996年2月19日～1997年2月6日	丙子
	4	1997年2月7日～1998年1月27日	丁丑
	5	1998年1月28日～1999年2月15日	戊寅
	6	1999年2月16日～2000年2月4日	己卯
	7	2000年2月5日～2001年1月23日	庚辰
	8	2001年1月24日～2002年2月11日	辛巳
	9	2002年2月12日～2003年1月31日	壬午
	0	2003年2月1日～2004年1月21日	癸未

2004年～2013年		
1	2004年1月22日～2005年2月8日	甲申
2	2005年2月9日～2006年1月28日	乙酉
3	2006年1月29日～2007年2月17日	丙戌
4	2007年2月18日～2008年2月6日	丁亥
5	2008年2月7日～2009年1月25日	戊子
6	2009年1月26日～2010年2月13日	己丑
7	2010年2月14日～2011年2月2日	庚寅
8	2011年2月3日～2012年1月22日	辛卯
9	2012年1月23日～2013年2月9日	壬辰
0	2013年2月10日～2014年1月30日	癸巳

生命密碼揭開您的潛質與今生使命

現在請參考下列的表，找出自己密碼編號與天干的對應關係。

◎密碼與天干、四化、星系對應一覽表

生命密碼	天干／四化	化祿	化權	化科	化忌
1	甲	廉貞	破軍	武曲	太陽
2	乙	天機	天梁	紫微	太陰
3	丙	天同	天機	文昌	廉貞
4	丁	太陰	天同	天機	巨門
5	戊	貪狼	太陰	右弼	天機
6	己	武曲	貪狼	天梁	文曲
7	庚	太陽	武曲	太陰	天同
8	辛	巨門	太陽	文曲	文昌

9	壬	天梁	紫微	左輔	武曲
0	癸	破軍	巨門	太陰	貪狼

密碼所對應的天干都會各自發射「祿、權、科、忌」四種不同能量，也就是「四化」。每一個天干所對應的四化都會各自履行自己的職責去引動不同的星曜，使之產生吉凶的變化。如此，只要懂得各個星曜的特性，再配合四化的含意，任何人都能輕輕鬆鬆學會解開自己生命的密碼，做你自己的命理師。

還記得前章節介紹過四化的基本含意嗎?讓我們取精要的意思再來複習一下。

化祿：是一種感覺舒服的、快樂的能量，也可代表財富。

化權：是一種壓力的、霸性的、主宰的能量，也可代表權力。

化科：是一種保守的、理性的、注重名聲的能量，也可代表名氣。

化忌：是一種困惑的、我執的、不斷消耗的能量。可代表「得到」，也可代表一個事件的「失去」與「結束」。也是你的今生使命，是你必須去學習與克服的今生課題。

生命是公平的，每個人自出生的那一剎那開始，即被公平的賦予祿、權、科、忌四種不同能量，也就是說每個人的生命裡都會擁有令他快樂的，可以得到財富的能量，同時也會賦予他「障礙」與「挫折」的化「忌」能量要他去面對。

今生使命是老天爺送給你的一帖苦口良藥，很苦很難喝，但卻是磨練你心智、鍛鍊你意志力的最佳良藥。就像唐三藏要去天竺取經一樣，佛祖總會給他重重的考驗。當你能夠跨越心裡的最低界限，超越自我意志力時，也表示自己的身、心、靈已得到昇華，到時你會變得很有定力，並且會很清楚自己的方向與目標，達到心想事成的最高境界。

你看看「忌」這個字是怎麼寫的呢？

對了，那就是自「己」的「心」。

生命密碼透露您的今生使命

生命密碼「1」號者：美麗的彩虹

生命密碼1號者，天干為「甲」

甲干的四化為：廉貞化祿，破軍化權，武曲化科，太陽化忌

❖財富：廉貞星

❖權力：破軍星

❖名氣：武曲星

❖今生使命⇩太陽星

人緣與進財靠廉貞：彩虹、囚星

廉貞的特性：系統、組織、追求完美

廉貞為彩虹，化祿，變成線條分明、美麗的彩虹。你喜歡有邏輯、美麗、帶點投機的事物，例如電腦、精密儀器、美學等。彩虹雖美，但不長久。因此你必須把握短暫

廉貞化祿，太陽化忌：
真人不露相、暗藏乾坤、強出風頭必遭人妒

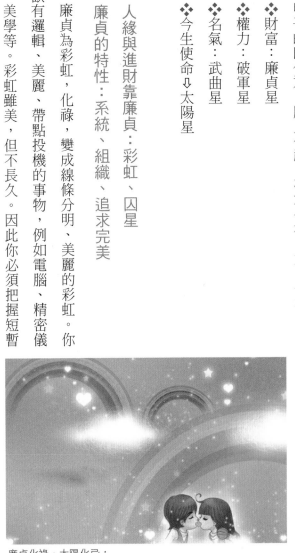

的表現，務必爭取任何可能剎那間上位的機會。

廉貞在性格上是清高和高傲的，因此要與廉貞的人相處必須是得到他的認同或是對他有價值的對象。

廉貞化氣為「囚」，化祿，變成執法人員，表示凡事只要按照程序、系統來做事，就可因此與法律、政府機構、官方人士結緣或本身工作關係而提升自己的事業與財運。有機會成為某專業領域或一個區域管理範圍的佼佼者，例如美容業界、行政管理、電腦或股票業界的達人等，也適合政府機構或法律人士。

在既有專長上，有系統、按部就班地磨練技術，能創造你的魅力，使你財源廣進。

掌權靠破軍：大海、變動星

破軍的特性：變動、不守舊

破軍為大海，化權，變成具有衝擊力的海洋。擁有爆發力、變動、長江後浪推前浪的力量。你總是蠢蠢欲動、想要改變現狀，突破瓶頸大膽嘗試新的挑戰。建議你，放膽去做吧！當你在同一事物上走到瓶頸的時候，你必須勇敢地尋求突破與創新。就好像開餐館一樣，顧客每天來都是吃同樣的菜，吃久了也會了無興趣，破軍化權的你必須不時的想些新點子，才能使事業時時擁有活力，締造東方不敗的佳績。

破軍雖具有身體力行、求新求變的好特性，但化權，恐流於主觀、變化無常、反抗心強的缺點，是需要努力改進的地方哦！

你希望更上一層樓及提升社會地位的話，你要發揮的是破軍變動的能量。

破軍為大海，一波一波，不能原地踏步，每一次的變動都會有新的奇蹟。

名氣靠武曲：挖金的人、財星

武曲的特性：踏實、勤奮、剛毅果決

武曲為財星、挖金的人，化科變為有名氣的挖金人。

表示你在理財與投資上多了一份謹慎，並且講求效率與方法。但化科多淪為理想化、紙上談兵，文書工作，建議你可從事財務顧問、基金投資專員等工作比較容易得財。不適合成為商人或投資者，容易出現心有餘力不足、華而不實的現象。化科為名氣，表示要得財需要有某專業的名稱，例如某某顧問、律師、某某專員等等，你的專業

得到大家的認同後，自然「名來財就來」。

化科為名氣也為桃花，你的桃花以及吸引人的魅力是來自於你的勤奮、踏實，以及你的專業名氣。記住，化科，在錢財上不要有愛現與怕輸的心理，否則會妨礙自己的財氣與人氣。

今生使命太陽星：男人、光明星

太陽的特性：熱情、光明、坦率

太陽為一顆光明的星系，化忌，表失去光明。表示你做人、做事必須要低調，凡事「見光死」。很多計畫還沒有成熟時，最好不宜對外宣揚，否則容易遭到阻礙、盜版或中傷等。適合時間與人相反，或不受規律性時間限制的、冷門的、不易被複製、模仿的專業行業發展。

太陽化忌之人比較不懂與男性思想交流，不明白男人的心思。女命則會為自己近親的男性，父親、丈夫或兒子付出很多，卻無法得到自己所期望的回報。而男命自身則感到鬱悶，常有明明我在這裡，別人卻看不到我、不被重視的失落感。

這是你的今生使命，也是你須學會克服的課題。要學會釋然與自然，尤其在面對自己心愛的男人時，越是期待回報，越是空虛與失落。化「忌」為「己心」，越是執著、想要抓緊的東西越是會離你遠去，男人自身越是想要高調，事業就會越加力不從心。明白這些道理之後，太陽化忌為見光死，默默耕耘、默默付出，成功機率就越大。男人就不再是煩惱星，而是推動你更加成長的動力之一。

生命密碼1號者的生命啟示：

學習如何放寬自己，面對身邊近親的男人，特別是妳最愛的那一個。適合專業、冷門事業，並且需要常常同中求異，勇於改革突破困境。理財投資要謹慎而行，可利用自己的名聲賺取錢財。太陽化忌，凡事不強出風頭，靠實力贏取信任，才是生命密碼1號者該努力的目標。

生命密碼「2」號者：茂盛的小草

生命密碼2號者，天干為「乙」

乙干的四化為：天機化祿，天梁化權，紫微化科，太陰化忌

❖財富：天機星

❖權力：天梁星

❖名氣：紫微星

❖今生使命⇩太陰星

進財靠天機：小草、合作星

天機的特性：足智多謀、合作、人群

天機為小草，化祿，變為茂盛的小草。小草為蔓藤植物，看起來雖弱小，但卻擁有強大的環境適應與攀藤能力。表示你擁有過人的智慧，能隨遇而安，並時時在

天機化祿，太陰化忌：
友誼得意，情場失意，
欲情場得意，必捨去部分友誼

尋求機會攀藤而上。若說你是千里馬，則你需要的是伯樂。

因此天機星也為合作、人群星，表示你必須要處處與人為善，擴充人脈，懂得借力使力，尋求強者與之合作或受雇於一位成功賞識自己的老闆，才能水漲船高、締造雙贏。猶如姜子牙一樣，要遇見周文王後才能一展拳腳。

別急於尋求個人表現，你需要的是合作與策劃工作，才能發揮專長，財源廣進。

掌權靠天梁：老人、蔭星

天梁的特性：傳統、照蔭、有長者風範

天梁為老人，化權，變為一位有權勢的老人。雖有施濟、服務人群之心，但卻易給人倚老賣老權威之感。年少時你容易得到有力師長或長輩的庇蔭，得到器重與提拔。當你出了社會有了一定地位後，你也會反過來發揮蔭星的力量，提供你的經驗與專長，提拔或教導晚輩，例如培訓、傳授、醫療、教育等方面的工作。「取之社會用之社會」，提拔晚輩、服務人群，發揮長者風範，才能得到他人信賴，受到擁護。

天梁也為文書星，適合將自己的構思、點子轉變為企劃書、文案或教材，透過掌控

文書的工作，可使自己事業更上一層樓。

天梁應多給新人或下屬表達自己思想及風格的機會，相互吸取精華，才能立於不敗之地。

名氣靠紫微：皇帝、權星

紫微的特性：尊貴、權威、自負

紫微為皇帝星，化科，變為斯文、有頭銜的皇帝。表示你可以在你的專業領域裡擁有某種頭銜，例如，老師、教授、主任、經理、服裝設計師、建築師、中醫師等等。從事宗教者也可能是「某某居士」。此種頭銜可讓你的事業受到尊敬與推崇。當然，你如果無惡不作、作奸犯科的話，也可能會被冠上某某頭銜哦！

化科為名氣也為桃花，你的桃花以及吸引人的魅力是來自於你的學術、氣質、理性的領導作風，而不是強勢、自負、唯我獨尊。紫微化科，最怕狐假虎威，必須以仁待人，在智慧、學術上取得肯定後，自然就容易一統天下了。

今生使命太陰星：女人、田宅主

太陰的特性：溫柔、細心、愛家

太陰為女人、田宅主，化忌表田宅有問題。家中易有不愉快事件發生。而這種不愉快最先衝擊到的便是家中女性，例如母親、太太或女性自身等。總是會帶來感情、情緒或健康上的某方面困擾。而化忌為自己的心，對家人關心，但總有力不從心之感。與家人緣分較淺，可能因求學或工作，而無法常常在家。

太陰化忌，表欠缺溫柔與細心感。男命的溫柔、細心，總給女性感覺壓力與管束。而女性自身易在感情路上患得患失，以致於自己的情緒與心情常常陷入低潮與不快樂中。太陰化忌之人比較不會與女性交流思想，不明白女人的心思，以致造成隔閡與誤會。

這是你的今生使命，也是你須學會克服的課題。在感情的路上學會放鬆心情，客觀、理性地處理好家庭與財務規劃。

生命密碼2號者的生命啟示：

在忠義的友情中如何平衡自己的感情世界，既不失友誼，又能讓你的女人擁有安全感。學習如何去關心與諒解她們，而不是施壓與管束。記住，「化忌」帶有壓力與管束的意味，這是你與她們永遠無法取得共識的原因。女性自身則需學會自我情緒管理，將期待與寂寞化為學習的力量。當你可以跨越這層障礙時，你會發現，女人不再是煩惱星，而是可以使你更加成長的推動力。太陰化忌注意家宅風水及房屋買賣。忌黑色。

生命密碼「3」號者：快樂的小孩

生命密碼3號者，天干為「丙」

丙干的四化為：天同化祿，天機化權，文昌化科，廉貞化忌

❖財富：天同星

❖權力：天機星

❖名氣：文昌星

❖今生使命⇩廉貞星

進財靠天同：小孩、福星

天同的特性：純真、知足常樂

天同為小孩星，化祿，變為快樂的小孩。小孩的天真無邪，富有活力，讓人有種回歸大自然很舒服的感覺。這就是你的優點以及你的致勝武器。

天同化祿，廉貞化忌：
隨和但不隨便，執著但不固執

你懂得如何與人相處，在面對衝突時你會用笑容化解矛盾，並且懂得關心別人，使你的人際關係無往不利。

你希望財運源源不絕的話，你要發揮的是天同星的純真與知足常樂的好能量。健康、自然、溫順、保持童真的心態，將使你贏得無數的人緣。「人脈就是錢脈」是你需要繼續保持，也是你成功的座右銘。

掌權靠天機：小草、合作星

天機的特性：足智多謀、合作、人群

天機為小草，化權，變成一撮撮生命力強勁的草原。放眼望去一望無際的小草，是需要靠大眾合作的力量才能達成願望的。掌握人脈與合作技巧是你達成理想關鍵之鑰。

天機是柔弱的蔓藤植物，因此要成功並不是只有天同嘻嘻哈哈可愛的特性，還要運用一點智慧來提升自己，受到矚目。也就是說當你柔性地周遊於人群中時，要用智慧取信於人、掌控人脈，你必須不斷地充實自己，才容易在人群中脫穎而出。天機化權必定天同化祿，運用天機智慧發揮天同圓融的特性。今天這個團體是因為你而能更和諧、融

洽，發揮團隊合作精神，這樣你就已經成功一半了。

足智多謀的你，加一點努力就能使你在創作、發明、設計等發揮天馬行空的想像力，使你能在學術、設計上更上一層樓。

名氣靠文昌：文學、契約、禮儀之星

文昌的特性：聰明、斯文、反應快

文昌為文學、契約、禮儀之星，化科，能提升你在文學上的成就，增加名氣。適合從事作者、教授、記者、媒體、出版等學術性質的行業。

文昌是時系星，時系星是按照你出生時辰所排出來的星系。比較起年、月、日，時系星是變化最快、轉動刻度最小的一個時間單位。因此含有靈活、反應快、舉一反三的特性。

化科為名氣也為桃花，你的桃花以及吸引人的魅力是來自於你的學術地位、自然流露的氣質以及舉一反三的特性。文昌也為禮儀之星，平時適合做些藝術性的陶冶，例如插花、書法、聽聽音樂等。不但可陶冶我們的性情，幫助自己思緒更通暢，還可使你全

身上下散發出一股無法抗拒的獨有的文化氣質魅力。

今生使命廉貞星：彩虹、囚星

廉貞的特性：系統、組織、追求完美

廉貞為彩虹、「囚」星，化忌，系統被囚住了。你總是無法按牌理出牌，跳脫不出自己思想的框框，讓人總是摸不著頭緒。你也不喜歡被既有系統約束，比如朝九晚五是你最痛恨的，規定你的行程該如何如何……，那會令你感到非常有壓力。你也討厭被管束，規定你要幾點起床、棉被該如何摺、牙膏該從哪裡擠？等等……。

廉貞為執法人員，化忌了，變成非法人員，稍有僥倖，不行正道立刻就被執法人員抓個正著，以為很安全不繫安全帶沒問題，誰知道警察竟然尾隨而來……。

廉貞為山頭寨主，化忌，搖身變為山頭「債」主，容易受人連累吃上官司，變成代罪羔羊背負債務等。

這是你的今生使命，也是你須學會克服的課題。無論工作、為人處事都要中規中矩，不走法律漏洞，這樣就不容易誤入歧途。

生命密碼3號者的生命啟示：

如何巧妙的發揮天同小孩星般大智若愚特性，卻不失自我原則。學會放開自己跳出框框，接受不同人、事、物，加強如何看人、識人、保護自己不受連累的能力，凡事要遵循正道，不投機取巧。跳出框框之外的你，將會柳暗花明，原來還有另外一個世外桃源。

生命密碼「4」號者：溫柔的女人

生命密碼4號者，天干為「丁」

丁干的四化為：太陰化祿，天同化權，天機化科，巨門化忌

❖財富：太陰星

❖權力：天同星

❖名氣：天機星

❖今生使命⇩巨門星

進財靠太陰：女人、田宅主

太陰的特性：溫柔、細心、愛家

你希望財運源源不絕的話，你要發揮的是太陰星女性特質的好能量。

太陰為女人星，化祿，搖身變為快樂的、有錢的

太陰化祿，巨門化忌：
幸福的女人不多埋怨
埋怨的人將人財兩失

女人。女性自身懂得如何製造錢財，保健、打扮自己，讓自己活得更快樂。男性一生中頗受女性的喜愛，例如媽媽、女性長輩、家中姐妹甚至自己的太太等，也能因她們而慢慢累積財富。密碼4號者不論男女都對女人的感覺與需要頗能感應。適合從事與女性有關的行業，例如化妝、美容、婦產科或任何行業但主要顧客是針對女性的。

太陰為田宅主，化祿，表示能因田宅而致富。就算不從事土地開發、經營、買賣投資，自己置產都有一定的敏銳度，一生中會有因田宅或土地而致富的機緣。

太陰的特質為溫柔、細心與愛家，多表現溫柔，體貼、善解人意的好特性，學會料理家事，並使自己外表看起來有清潔感。太陰之人外表要令人感覺乾淨、清潔才是好運的象徵。家中光線明亮、顏色柔和，那麼太陰的「富」就離你不遠了。

掌權靠天同：小孩、福星

天同的特性：純真、知足常樂

天同為小孩、情緒星，化權，變為好勝的小孩，努力、積極，有不認輸的特性。天同也代表健康，健康表疾厄、肉體。化權了，表身體機能容易處於亢進，並且有過度勞

動身體、肉體之象。若為小孩，則為健康寶寶，頑皮、好動。若為大人，則好勝、喜工作，一刻都不想停，讓自己時時刻刻處於緊繃的狀態。化解之道，有空多做運動、放鬆自己，讓自己的身體充充電，才會有靈感讓工作更上一層樓。

天同化權，要你扮天真是不太可能的，多發揮天同星健康、保健的特質，時時讓自己保持活力。記住，是看起來健康有活力，而不是逞威風不可一世的樣子，關心他人並懂得體諒他人，瞭解身旁人或下屬的需要，那你就能像周文王一樣深得民心並得到所有人的愛戴。

名氣靠天機：小草、合作星

天機的特性：足智多謀、合作、人群

天機為小草、智慧星，化科，靠智慧出名。適合寫作、教學、設計、分析等文書學術的行業。

天機為兄弟主、合作星，化科，表示有合作機會，但彼此需保持禮尚往來、若即若離的關係，即關係很好但又不會太親密，這樣友情才能長久，並能在他們之間擁有一定

的口碑。

化科為名氣也為桃花，你的桃花以及吸引人的魅力是來自於你的分析、特殊的見解、以及能設身處地站在朋友的立場彷彿軍師般為他們分析狀況。記住，化科是一種精神、理性的能量，凡事點到為止，不逾越範圍，軍師只負責策劃分析，不替他們做任何決定，這樣你才能處處為善，四海之內皆兄弟，不會惹口舌是非。

今生使命巨門星：嘴巴、口舌疑惑星

巨門的特性：能言善道、事事存疑

巨門化氣為「暗」，化忌，表示更暗。猶如身在暗處，對未來、對人、對事有一種不確定的安全感。於是你事事存疑，不相信，特別是對你最親近、最愛的那個人。

巨門化氣為「暗」、為口舌、為是非，你身在暗處，由於看不清楚，於是剛開始時你很容易盲目，去相信一個人或一件事。但沒多久你又變得觀察力細微，把身旁人看得特別清楚，於是你又會開始了挑剔、埋怨、感到不滿……，使自己時常處於不能真正快樂的空虛中……。

這是你的今生使命，也是你須學會克服的課題。學習如何一開始時去明察秋毫、辨別是非，當一件事或一個人在無法確定時，不去相信也不急於做決定。這樣才不會被矇騙或失去機會。但疑惑的性質只限於陌生事物與陌生人。別跟馬千金一樣，對自己的丈夫和最親近的人也處處埋怨、事事存疑的話，那可會錯失成為一國軍師夫人的機會哦！守住口德，福氣自然來。

生命密碼4號者的生命啟示：

多發揮太陰温柔女性的特質，天同的關懷、照顧他人之心，與朋友相處君子之交，給予支持卻不逾越範圍。不去相信看不清或不確定的事物，對身邊人特別是自己的配偶給予支持，多口出嘉言鼓勵對方，少埋怨，這樣對方運氣才會好，而自己才能水漲船高。

生命密碼「5」號者：多才多藝的演藝人員

生命密碼5號者，天干為「戊」

戊干的四化為：貪狼化祿，太陰化權，右弼化科，天機化忌

❖財富：貪狼星

❖權力：太陰星

❖名氣：右弼星

❖今生使命⇩天機星

進財靠貪狼：Geisha、桃花星

貪狼的特性：才藝、慾望、福禍主

貪狼化祿，天機化忌：
做你自己的演員，不標新立異譁眾取寵

貪狼為Geisha，演藝人員，化祿，轉化為受歡迎的偶像派演藝人員。你喜歡多彩多姿的生活，並且擅長才藝與表演。你懂得察言觀色、交際應酬，穿梭在各式各樣的人群中。你也懂得如何營造生活、製造浪漫，讓自己生活的更精彩。於是你對各種才藝與學

習都會產生興趣，舉凡畫畫、烹飪、插花，甚至於神祕學，如占星術、中國五術、心靈課程等你都抱持好奇心想試一試。唯化祿有多情的現象，即慾望多、凡事都有興趣、凡事都想學，結果樣樣都不精。對人、對事都有可能會這樣，要清楚自己的目標，把握原則，因為這些學習與才藝將來也能轉化為財星變成你的收入之一。

貪狼也為桃花星，桃花代表的是人緣。化祿，表示你能擁有很好的人際關係，特別是與異性之間的互動是你的專長。舉凡與桃花、人緣有關的行業，例如酒廊、餐館、表演工作、婚姻介紹所甚至情趣用品店等，都能發揮你特有的靈感專長而財源廣進哦！

掌權靠太陰：女人、田宅主

太陰的特性：溫柔、細心、愛家

你希望更上一層樓及提升社會地位的話，你要發揮的是太陰星掌管田宅與財務的能量。

太陰為女人、田宅主，化權，變為掌控田宅的女強人。女命自身雖能把家掌管得無微不至，大小事務均管理得井井有條，也能幫忙家庭收支。但也因為如此，不小心就把男人改造成唯唯諾諾、得過且過、敷衍了事，而令女人備感辛勞與不滿。要發揮太陰星以柔克剛的好特性。將化權轉化為支持與鼓勵，溫柔的與他們進行思想交流，該讓他們表現的時候不逞強，這樣女人的妳就能穩坐幕後操縱者，令家中陰陽和諧，提升家運的自由女神，而不是令人避恐不及的慈禧太后。

太陰為田宅主，代表財務，無論男女對掌控田宅、產業投資、財務規劃等都比別人高出一倍的敏感度，好好掌握此種特性，將可為自己累積豐厚的財庫。

名氣靠右弼：幫手、助力星

右弼的特性：熱心、助力、第三者

右弼為助力星，變為好幫手，可因人而貴。

你是一位熱情、有惻隱之心、喜歡幫助別人的人，在朋友群裡是有口皆碑，也是老闆身邊得力的助手。你可因人而貴，也就是因協助別人成功，而間接地也幫助到自己成功。當你真心協助的那一剎那，無形中也為自己結下了善緣。幫助別人，其實也在分析、幫助自己、提升自己的能力，「在助人中自助，在互助中成長」是右弼星的最佳座

右銘。唯助人需有點智慧才是成功的關鍵。

右弼星因為幫手、助力、第三者，在感情上總不免受干擾。不是自己成為別人的第三者，就是有第三者介入，這個第三者不一定是情敵，可能是公婆、妯娌、或其他熱心插手干預的朋友。要發揮右弼助力星的特性，主動協助、關心另一半，不讓配偶感到孤獨，並時常交流提出自己真心的想法，取得彼此的共識，讓另一半把情感依賴在你身上，而不是尋求第三者的開解，就可減少第三者所帶來情感的困擾。

今生使命天機星：小草、合作星

天機的特性：足智多謀、合作、人群

天機星為小草，化忌，變成了枯萎、孤獨的小草。無攀藤之力。足智多謀的你嘗試表達自己的點子與構思，但總不易為人接受，使你常有心事無人知的失望感。於是你不斷的思考、探索，想不通的問題總喜歡一想再想，使自己時常陷入失眠、神經衰弱甚至於幻想的世界中。

天機為合作星、兄弟主，化忌，表合作關係壞了。天機化忌的你，比較不懂得與平

輩進行思想交流，以致至於與平輩、兄友間常出現誤會與隔閡。你常對兄弟或朋友釋出善意，但總弄巧成拙。他們不但不能感受你的好意，反而背叛你、批評你。讓你一再的在同輩關係中感到受傷。

這是你的今生使命，也是你須學會克服的課題。學習如何融入群體，不做太多標新立異的動作，例如外表打扮、思考等。事情想不通時要學習放下。與同輩相處原則：「不干涉、不管束、不去聽或知道對方太多祕密」才能使友誼保鮮長存。

生命密碼5號者的生命啟示：

多發揮貪狼才藝與桃花的好特性，專心磨練自己在某方面的才藝或技能，做好財務規劃，可將現金轉去產業投資或房屋買賣。多發揮助人自助的好特性，與同輩相處君子之交淡如水。

生命密碼「6」號者：快樂的挖金人

生命密碼6號者，天干為「己」

己干的四化為：武曲化祿，貪狼化權，天梁化科，文曲化忌

❖財富：武曲星

❖權力：貪狼星

❖名氣：天梁星

❖今生使命⇩文曲星

進財靠武曲：財星、挖金的人

武曲的特性：踏實、勤奮、剛毅果決

武曲為財星、挖金的人，化祿，變為快樂的挖金人。你具有優於常人的數字概念與理財分析，會不斷地為自己動腦筋開發財源。而挖金的過程是需要身體力行、不畏艱難的毅力才可達到的，此種踏實、勤奮、不畏艱辛的特性能為自己不斷地創造財運佳績，

武曲化祿，文曲化忌：
愛情與麵包、魚與熊掌總是無法兼得

因努力加上毅力成為大富翁。

武曲為地下的黃金，金屬都帶有剛硬與刑剋的特性，化祿，會柔和剛硬與減少刑剋、孤獨的感覺。在賺錢的同時你也懂得犒勞自己，給自己最好的物質享受。擁有踏實個性的你，堅信人生的幸福是建立在經濟基礎上，有錢人生才有安全感。愛情與麵包，你相信要有麵包，愛情才能長久。

掌權靠貪狼：Geisha、桃花星

貪狼的特性：才藝、慾望、福禍主

貪狼為Geisha，演藝人員，化權，變為實力派的演藝人員。為了追求你的理想，你會不斷地衝刺、學習。擁有超強慾望與體力的你，做任何事必定全力以赴，你懂得討好對自己有利之人，找出有利於自己的條件，要做就勢必做到最好。但，這股衝勁時常會令人產生壓力與誤解，認為你是一位現實不擇手段之人，而引來不少嫉妒你、反對你的人。

貪狼為慾望之主，化權，不論在財慾、權慾甚至於情慾都比一般人強。你需要實質

的感覺，不容許背叛，也容不下一粒沙。典型的實力派演員，勢必壓倒所有的競爭者，拿到金馬獎。

「慾望」是使你進步與成功的推動力，但也是使你失敗的最致命元素。慾望過高容易使人失去自我，陷入不可自拔的陷阱，在一夜之間由高處往下跌。貪狼主司「福禍主」，要福？要禍？成功？失敗？這其中如何拿捏？當事人可要好好思量。

名氣靠天梁：老人、蔭星

天梁的特性：傳統、照蔭、有長者風範

天梁為老人，化科變為理性、斯文、事事講求方法的老人。

你能得到長輩或上司來自精神、教育或思想上的影響及庇蔭。他們無法給你物質上或權力上的力量，但卻能在思想上影響你。反過來，你本身也為斯文、理性、講求方法的老人，擁有不錯的策劃與運籌帷幄的能力，也會不時給予別人精神上或思想上的支持與影響。

化科為名氣也為桃花，一生中容易受到長者的喜愛與欣賞，特別是比你年長的女

性。你的桃花以及吸引人的魅力是來自於你對社會的經驗、穩重、不急不緩的行事態度。唯天梁星化科，變為盆栽、小樹，只能供欣賞，無法全面照「蔭」他人，無論你如何對人家好，總還會遭來埋怨。

今生使命文曲星：文藝、契約、異路功名

文曲的特性：口才、靈活、才藝、玄學

文昌與文曲皆為時系星，都屬文書、契約、聰明之星。但文曲與文昌的不同是，文昌星較偏重於正統學術，在古代是指「科舉出身」。而文曲則偏重於「異路功名」，所謂「異路功名」是指非正統學術，例如詩、書、琴、畫、口才、歌藝等怡情養性方面的才藝。也喜歡精神類的學術，例如心靈、哲學、玄學、五術等。但化忌，表壞了。樣樣都有興趣，樣樣都想學，但卻缺乏耐性。思緒雜亂，容易受干擾阻礙，喜歡學習問題，卻常常被問題所困擾。

文曲星對愛情的感受力強，化忌，易有千絲萬縷、藕斷絲連、牽扯不清的感情煩惱。

這是你的今生使命，也是你須學會克服的課題。學習如何去避開是非與麻煩，找到自己的優點、專長與喜好，努力去鑽研開發，會有意想不到的收穫。文曲化忌的你也需要妥善管理好錢財，不要透支，不輕言承諾代保，也不要借錢給別人，容易收不回來。

生命密碼6號者的生命啟示：

你擁有賺錢的好頭腦，勤奮、踏實與強烈的成功慾望，會盡全力在事業、感情、物質以達成你所要的目標。你的魅力來自於你不知不覺流露出的成熟社會歷練。學習如何避開是非與麻煩，妥善管理好錢財，不輕言承諾，多培養耐性並專心在某方面的才藝，陶冶自己的內心世界，自然就不會華而不實、正事顛倒，投資在錯誤的人與事上。

生命密碼「7」號者：溫暖的太陽

生命密碼7號者，天干為「庚」

庚干的四化為：太陽化祿，武曲化權，太陰化科，天同化忌

❖財富：太陽星

❖權力：武曲星

❖名氣：太陰星

❖今生使命⇩天同星

進財靠太陽：男人、光明星

太陽的特性：熱情、光明、坦率

太陽為宇宙極陽物體，代表光明與博愛。化祿，變成溫暖的太陽，你的性格活潑、開朗，彷彿日出扶桑般，微微地散發著光和熱，

太陽化祿，天同化忌：
拋開情緒即能得到光明與福氣

溫暖卻不刺眼。你會以身作則、巧妙地將此種熱情與活力，帶到職場上，讓接觸你的人都感受到這股初陽的朝氣。因此，太陽又為官祿主，太陽化祿的你，有利於外交與事業的運作。

太陽為陽性物體，也代表男人，化祿，會因男人而顯貴。男命本身會努力爭取表現，將自己事業與運氣提升。女命的妳則因妳陽光、熱情、不拘小節性格相當吸引異性，容易得到男性上司的提拔，或因夫而貴。

太陽東升西落，日夜不停地轉動，喜歡忙碌的你，越跑動越曬於太陽下，廣結善緣，自然「人脈就是錢脈」，運氣扶搖直上。

掌權靠武曲：財星、挖金的人

武曲的特性：踏實、勤奮、剛毅果決

武曲為財星、挖金的人，化權，變為狂熱的挖金者。在財務經營方面你有獨到的理念與過人的觀察力與能力。武曲為陰金，性格本剛直果決，加上化權，在理財方面更為剛硬、固執。你善於精打細算，大錢、小錢都不輕易放手，因此時常與人在錢財方面有

爭執。化權也為大，心高志昂，是挖金戰將，勢必要挖一桶一桶的金。

你希望更上一層樓及提升社會地位的話，你要發揮的是武曲星勤奮與踏實的好能量。

武曲是一顆勤奮、踏實之星，加上化權的優點，做事進取，對掌控錢財等有強烈的企圖心，並且重視原則，會把握住任何可以進財的機會，也能藉此優點以及在財經方面的特殊敏感力，使自己的事業步步高升。唯缺點為剛上加剛，性格挑剔，感情路上有偏孤的現象，精神壓力大，應適當放下身段，讓自己偶爾做個乖順的小鳥也不錯哦！

名氣靠太陰：女人、田宅主

太陰的特性：溫柔、細心、愛家

太陰為女人，化科，變為理性、斯文的女人，重視名聲，喜靜態的才藝，柔性、感性的東西。

太陰化科的女人，理性中總帶點感性，對愛情有柏拉圖式的幻想。為田宅主，化科，喜幽靜、帶點浪漫的房子。對置產有一步一步的計畫。

化科為名氣也為桃花，太陰化科，容易得到來自女性或女性長輩思想上的影響或精神上的肯定與認同。妳的桃花以及吸引人的魅力是來自於妳的溫柔，無私的付出以及對於家庭的一份眷戀感。不過太陰化科，對未來、家庭、愛情觀都有一份柏拉圖式的幻想，不要太美化婚姻以及未來，還是要腳踏實地、克勤克勞的去實踐比較好。

今生使命天同星：小孩、福星

天同的特性：純真、知足常樂

天同為小孩、情緒星，化忌，變為情緒、不快樂的小孩。小時身體不好，抵抗力差，容易有膀胱、泌尿系統的問題。長大後易有親子問題或生育上的煩惱。天同化忌的你比較不懂得與小孩子交流，總是求好心切，對小孩不是放縱、溺愛，就是缺乏耐性實際教導，易產生緊張與代溝問題。

天同為福星，化忌，精神易有壓力，容易情緒化，失去童真之心，無法知足常樂，常常莫名的令自己產生精神困擾。

這是你的今生使命，也是你須學會克服的課題。在忙於事業的同時，別忘了親子互動，給小孩子最好的童年，將是你一生中最大的成就與禮物。學習如何調節自己的情緒，放鬆精神與壓力，該享樂時就該即使享樂。天同也為健康之星，別等到年老了，健康敗壞了才說想要如何享受等等，已是無福消受了。

生命密碼7號者的生命啟示：

多發揮太陽光温和且不鋒芒畢露的特性，廣結善緣，就能啟動自己外交的好磁場，為自己帶來商機。在交際上你是大方的，但在錢財與人互動上卻過於固執己見。感情上不要存有太多柏拉圖式幻想，多努力親子互動，並學習如何釋放壓力，才能得到更多福氣。

生命密碼「8」號者：金絲雀的嘴巴

生命密碼8號者，天干為「辛」

辛干的四化為：巨門化祿，太陽化權，文曲化科，文昌化忌

❖財富：巨門星

❖權力：太陽星

❖名氣：文曲星

❖今生使命⇩文昌星

進財靠巨門：嘴巴、口舌疑惑星

巨門的特性：能言善道、事事存疑

巨門為嘴巴，化祿，變為金絲雀的嘴巴，說話動聽，有情、有緣，讓人覺得很舒服。你非常懂得說話的技巧，態度誠懇、溫和卻不過於偏激，是善於處理紛爭

巨門化祿，文昌化忌：
言多必失，注意禮貌禮節

與語言解說的厲害高手。適合語言解說、動口生財的行業，例如民意代表、DJ、新聞主播、外交官、業務、行銷、補習老師，甚至於靠吃的美食專家等等。

巨門為疑惑星，為一小孩躲在暗處之星，化祿，可以讓小孩見到光明，在黑暗中看到曙光。而拋開不安定與疑惑之心。代表著每有誤會、紛爭或疑惑時，可透過你從容不迫的態度與技巧性的語言溝通，使事情柳暗花明，化解紛爭，言歸和好。

疑惑星，表事事存疑，適合將此疑惑轉化為研究的力量，美食研究家、學術研究家、宗教或心靈層次等方面的行業或學習課程也非常適合。

掌權靠太陽：男人、光明星

太陽的特性：熱情、光明、坦率

太陽為宇宙極陽之物，代表光明與博愛。化權，變成日麗中天的太陽，炙熱、光芒四射，但有點刺眼，讓身旁人備感壓力。你的性格光明、耿直，好濟弱扶傾，打抱不平，討厭黑暗不公平的事情。但也像比干一樣容易惹來嫉妒與傷害，在強力外交的同時若能將光芒收斂一點點，光明但不刺眼，就能減少有心者的破壞，讓事情可以順利一

點。

太陽為陽性，也代表男人，化權，因男人而顯貴，可從男人身上獲得家業或權力，此男人可能為父親、祖父或丈夫。男命則英氣十足充滿陽剛氣，女命雖可獲得丈夫的全力支持開創自己的事業，但氣勢卻有壓過丈夫之勢。日本有句話「男要度胸，女要愛嬌」，意思是說男人要坦蕩蕩，女人要嬌柔。女人若能適當的溫柔多多讚美自己的老公，懂得以柔克剛，表面上雖由男人做主，但實際上已是大權在握了。

名氣靠文曲：文藝、契約、異路功名

文曲的特性：口才、靈活、才藝、玄學

文曲為文藝、契約、異路功名之星，化科，無心插柳柳成蔭，可在正統學術之外取得不凡成就。

文曲星化科對於學校正科以外的才藝，例如詩、書、琴、畫、口才、歌藝等怡情養性的方面，或者美術、烹飪、音樂等有特別的興趣與領悟能力。對於學習精神類的學術，例如心靈、哲學、玄學、五術等，也會有特別的感應。討厭呆板一成不變的事物，

那無法滿足你的好奇與學習興趣。

化科為名氣也為桃花，文曲化科，喜歡文書、詩詞可以表達心靈感受之類的文字戀愛方式。你的桃花以及吸引人的魅力，來自於你的口才、聰明、有點藝術家風度翩翩的氣質，如果能在正課或工作之餘多多參與進修上述之類的藝術性或音樂性的活動，那麼「異路功名」，成為明日閃亮之星則非你莫屬了。

今生使命文昌星：文學、契約、禮儀之星
文昌的特性：聰明、斯文、反應快

化忌是一顆是非、麻煩的能量。是你的今生使命，也是你今生該學習的課題。

文昌星是較偏重於正統學術之星，在古代是指「科舉出身」，即通過正統學術獲得正式文憑之意。化忌，在追求正統學術上易受阻礙，雖然很努力讀書，但每每考試總是差強人意，拿正式文憑總要經過多番波折才容易到手。

文昌星比文曲星更偏重於刀筆功名、典章制度、文書契約之星。化忌，不利於靠出版、排版工作的職務，容易出現思緒阻塞，或文字上的錯誤而影響自己工作上的運氣。

在文書契約的簽訂上也容易因為粗心大意、疏忽等而給自己惹來麻煩，不得不謹慎小心一點哦！

這是你的今生使命，也是你須學會克服的課題。學習如何掌握一技之長，文昌為禮儀之星，學習以禮待人，常檢討自己的言行是否得體，才能受眾人歡迎。

生命密碼8號者的生命啟示：

懂得說話與溝通技巧的你，是善於處理紛爭與語言解說的高手。學習以禮待人，適合異路功名發展。多發揮太陽星豪爽、熱情、打抱不平、濟弱扶傾的好特性。並培養、陶冶自己的藝術性情，注意粗心大意所帶來的文書契約麻煩。

生命密碼「9」號者：人氣的長者

生命密碼9號者，天干為「壬」

壬干的四化為：天梁化祿，紫微化權，左輔化科，武曲化忌

❖財富：天梁星

❖權力：紫微星

❖名氣：左輔星

❖今生使命⇩武曲星

進財靠天梁：老人、蔭星

天梁的特性：傳統、照蔭、有長者風範

天梁為老人，化祿，變為受歡迎、有人氣的老人。老人雖然不能做粗工，但卻能提供智慧與經驗。因此化氣為「蔭」，「蔭」有照顧、庇蔭的意思。化祿轉變為財星，你適合提供智慧、服務或經

天梁化祿，武曲化忌：
廣結善緣捨得付出，才能獲得更大的庇蔭

驗，例如教學、醫學、慈善、宗教、命理等懷著協助人的心態，類似為人排憂解難，惠人又利己的工作。或者是成為公司某高級專業人員或主管，提供技術與策略，將可受到老闆的重視與喜愛，官運步步高升。

天梁為老人，化祿，有長上緣，特別是女性長輩或老闆、主管，會是你的貴人。

天梁也為文書星，適合文書、策劃、幕後的工作，可將你的構思、點子轉變為企劃書、文案或教材，將使你事半功倍，名成利就。

應多給新人或下屬表達自己思想及風格的機會，相互吸取精華，才能立於不敗之地。

掌權靠紫微：皇帝、權星

紫微的特性：尊貴、權威、自負

紫微為皇帝星，為掌權之星，再碰上化權，權上加權，大權在握，威不可擋。你具有獨當一面的能力與領導統御的潛能，對事業權利慾望很強，自我要求高。由於不認輸的個性促使你不斷地學習往上爬，於是你能夠得到老闆的器重，官運節節上升。但也由於你自我的優越感，以及不能屈就的個性，使人產生一種無法親近的距離感。你對事業以及未來的野心是非常大的，總希望能一統天下。皇帝掌權的你由於無法圓融、屈就的性格，惹來許多人的嫉妒，對你敢怒不敢言，陽奉陰違，難得真心。

自我要求是一件好事，但凡事講求中庸之道，過於急進的結果，難得真心朋友，人生路上難免孤獨。應適當放下自我，多站在對方立場，聽聽別人的聲音，則紫微化權的你必能君臣慶會、百星朝拱，不用犧牲任何人，一統天下則是輕而易舉之事。

名氣靠左輔：幫手、助力星

左輔的特性：熱心、助力、第三者

左輔為幫手、助力星。化科，擁有多方面才華，是帝王身邊的好幫手。

左輔與右弼同為輔助星，擁有多方面的才華，是各主星身邊的好幫手，能協助帝王打天下。紫微天府各類主星，若少了左輔、右弼，充其量只是孤君，無法開創事業格局。所以你看起來像是一個配角，但很多人如果少了你，就無法成就大事業。因此你擁有穩重、踏實、喜歡助人的好特性。你的天生使命是要來協助主將的。協助別人也成就

了自己，在助人的同時也會得到別人的協助。「在助人中自助，在互助中成長」也是你的最佳座右銘。

與右弼星一樣容易有第三者的干擾，由於你是輔助星，對朋友、異性容易心軟。必須堅定自己的立場，免得幫了別人卻賠了自己美好的姻緣，永遠在三角習題裡糾纏不清或讓第三者有機可趁，那就得不償失了。

今生使命武曲星：財星、挖金的人

武曲的特性：踏實、勤奮、剛毅果決

武曲為財星、挖金的人。化忌，挖金路上多阻礙，勞而少獲。

化忌，為小、為執著、為心裡很在意卻掌控不到的東西。武曲星化忌，對錢財很在意，卻無法靈活掌握正確的理財概念。死守財庫的結果，常常使自己陷入小錢之爭，或只為了蠅頭小利而損失更大的利益。你不適合買空賣空的商業行為，或與人錢財借貸來往，只適合默默提供專業或技術去賺取你應得的利益，才有辦法改變「忌」星所帶來的破壞力，積少成多，累積財富。

武曲為底下的黃金，金屬帶有剛硬與孤獨的特性。化忌，使得金屬急速冷卻，令人感覺冰冷、剛硬不易接近。武曲化忌變成寡宿星，婚姻路上多阻礙，有獨守空閨之象。應多使用橘色、玫瑰紅或粉紅來提升自己的愛情運勢，減少孤獨之象。

這是你的今生使命，也是你須學會克服的課題。武曲為正財和孤克星，化忌，很難掌控錢財，不要盲目投資，適合專業或巧藝取財。

生命密碼9號者的生命啟示：

多給新人或下屬表達思想及風格的機會，相互吸取精華，提供自己領導才華與專業技能，並活用左輔星左右逢源、知人善用的好特性，讓自己得到更多的助力，就能使自己立於不敗之地，開創更大的事業格局。在商業理財投資上應謹慎而行。

生命密碼「0」號者：美麗的海洋

生命密碼0號者，天干為「癸」

癸干的四化為：破軍化祿，巨門化權，太陰化科，貪狼化忌

❖財富：破軍星

❖權力：巨門星

❖名氣：太陰星

❖今生使命⇩貪狼星

進財靠破軍：大海、變動星

破軍的特性：變動、不守舊

破軍為大海，大海具有承載、變動、一波一波、長江後浪推前浪的特性。化祿，變成美麗的海洋，平靜、溫和。海浪有次序一波一波地，眺望無際、令人心曠神怡。你具有承

破軍化祿，貪狼化忌：
慾望不可突破限度，要突破限度必先克服慾望

載的特性，包容萬物，可以承受各種的壓力，遇到挫折、危機時會靜觀其變，像平靜的海浪般有次序的一步一步想辦法跨越，並且有化危為安的能力。

破軍為大海，具有海洋般豪邁的性格，你的豪邁、爽朗、不拘小節的特性，使你贏得許多人脈。化祿，轉變為財星，善用你對人脈的掌握，以及潮流、變動的敏感性，與溫和、承載、包容萬物的特性，勇於改革、突破瓶頸，你會發覺柳暗花明的背後不只一村，原來還有好多機會在等著你呢！

掌權靠巨門：嘴巴、口舌疑惑星

巨門的特性：能言善道、事事存疑

巨門為嘴巴、口才之星，化權，變成強力的演說家。你具有滔滔不絕的演說與辯解能力，對於自己覺得不對的事情，會勇於批評、據理力爭直到對方屈服為止。但因為如此無形中會與人產生口角，說了不該說的話，塑造敵人，而成為有心人士攻擊的把柄與藉口。巨門星擁有很強的觀察力，化權，就會變成挑剔。觀察力過於細微了，以致於別人的缺點全都不放過，看得太仔細，讓人產生壓力感。有些事情也許你是對的，但咄咄

逼人的結果無助於解決問題，反而使問題更加的惡化。所以「惜字如金、言之有物」與「喋喋不休、言之無物」，這就要好好的發揮你的智慧了。

巨門為疑惑星，為一小孩躲在暗處之星，化權，一種急於突破黑暗、疑惑的心態，以致於你不能接受看不清或疑惑的事情，必定追根究底，直到水落石出，心中疑惑釋然為止。

名氣靠太陰：女人、田宅主

太陰的特性：溫柔、細心、愛家

太陰為女人，化科，變成有名氣、斯文的女人。

太陰為田宅主，無論男女都是愛家、戀家之人，對住家的格調要求很高，喜歡把家裡裝修的很溫馨。但這樣對運氣反而很有幫助，因為太陰為田宅主，住家格調、顏色、明亮甚至於乾淨度等對生命密碼0號者的感情運甚至於財運都會有影響。

太陰為田宅主，表示你可以在田宅特別是產業投資方面有計畫的投資，可因田宅慢慢累積財富，積少成多。

化科為名氣也為桃花，你的桃花以及吸引人的魅力是來自於你對家裡的一份責任感，以及你特有的溫柔氣質。太陰化科，家庭會影響你整個運勢，保持家庭和諧，時時製造溫馨的感覺對你的事業、愛情都有提升的作用哦！

今生使命貪狼星：Geisha、桃花星

貪狼的特性：才藝、慾望、福禍主

貪狼為Geisha、桃花星，化忌，總演不好自己，適合專一路線走實力派的演藝人員。為何說專一路線呢？因為化忌有收斂的意思，若你慾望過高，想要多才多藝，那就沒有一樣可以做得好。應專心在一樣才藝上，扮演好自己的角色，這樣才容易達成自己的理想目標。

貪狼為桃花星，化忌，變為爛桃花。在感情路上必須睜大眼睛看清對象，不要太快陷入愛情漩渦裡。也不要朝三暮四，左張三右李四，那麼感情的挫折將會轉變成災禍，使你人財兩失。

這是你的今生使命，也是你須學會克服的課題。化忌因具有收斂與單一的意味，貪

狼化忌要學習收斂的耐力與功力，錢財慾望收斂，抓緊目標專心做好一件事情。桃花慾望收斂，看清對象，只跟一個固定對象談戀愛。將貪念轉化為學習的精神層次，貪狼化忌將會豐富你的智慧，把所有的禍事轉變為福。

生命密碼0號者的生命啟示：

你具有海洋般承載、包容萬物的好特性，不怕困難、勇於突破，能將不可能的事情化為可能。但由於好強、慾望太高，容易忽略他人感受而成為別人攻擊對象。應多發揮太陰化科溫柔似家人的親和力，收斂過高的慾望才不會使努力的方向錯誤，而一再的希望落空。

紫微小插曲4：同樣密碼之人是否擁有相同的命運？

您心中一定會有個疑問，那就是同樣密碼之人是否都擁有相同的命運？同樣密碼之人，只能說擁有類似的氣場與今生使命，但今生使命卻會隨著「生年四化所落宮位」以及「來因宮」的不同而造成往後命運的差異。

例如：

生年忌在夫妻宮，表示今生使命為感情問題，而來因宮為財帛宮者，表今生要跨越婚姻、感情的界限必須擁有正確的理財觀念與處理好財務問題。你對待錢財的態度就猶如你對待感情的態度一樣。

而另一人生年忌一樣在夫妻宮，但來因宮卻在父母宮，表父母的想法、教育、行為等會影響此人今後在感情與婚姻上的抉擇與看法。父母婚姻不好者，你的婚姻也會有問題。

再舉一例。

例如有兩個女人，生命密碼同為4號為「温柔的女人」，今生使命都必須運用女性自身的優勢，多關懷照顧他人，並謹言慎行不多埋怨給予配偶支持等。一人的來因宮在夫妻宮，表感情、婚姻是此女的人生課題，愛情EQ的好壞會影響此女的運勢。而另一人的來因宮卻在交友宮，表此女雖然要廣結善緣，多參與社交團體，但要學會識人、辨人，交友EQ的好壞會影響此女的運勢，並需防範有不良之友的欺騙或介入自身的婚姻與感情世界等。

因此，生命密碼雖然相同，但因「生年四化所落宮位」以及「來因宮」的不同，命運自然也會不同。

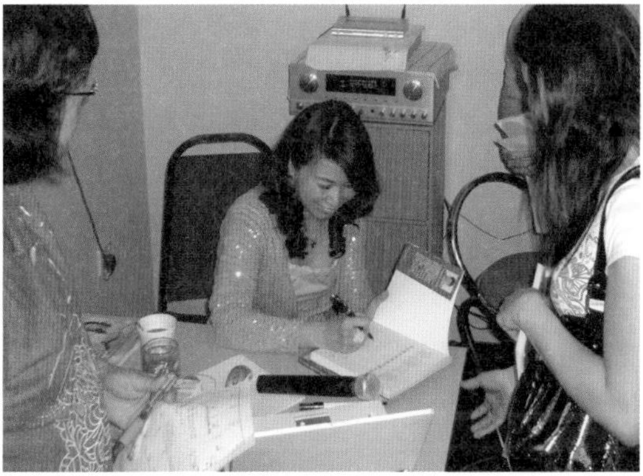

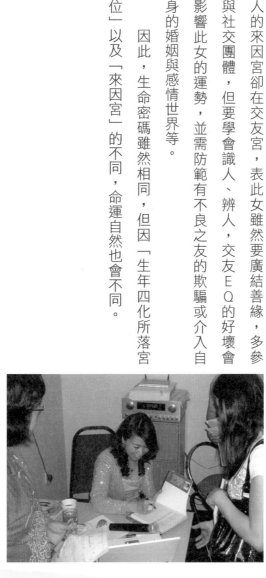

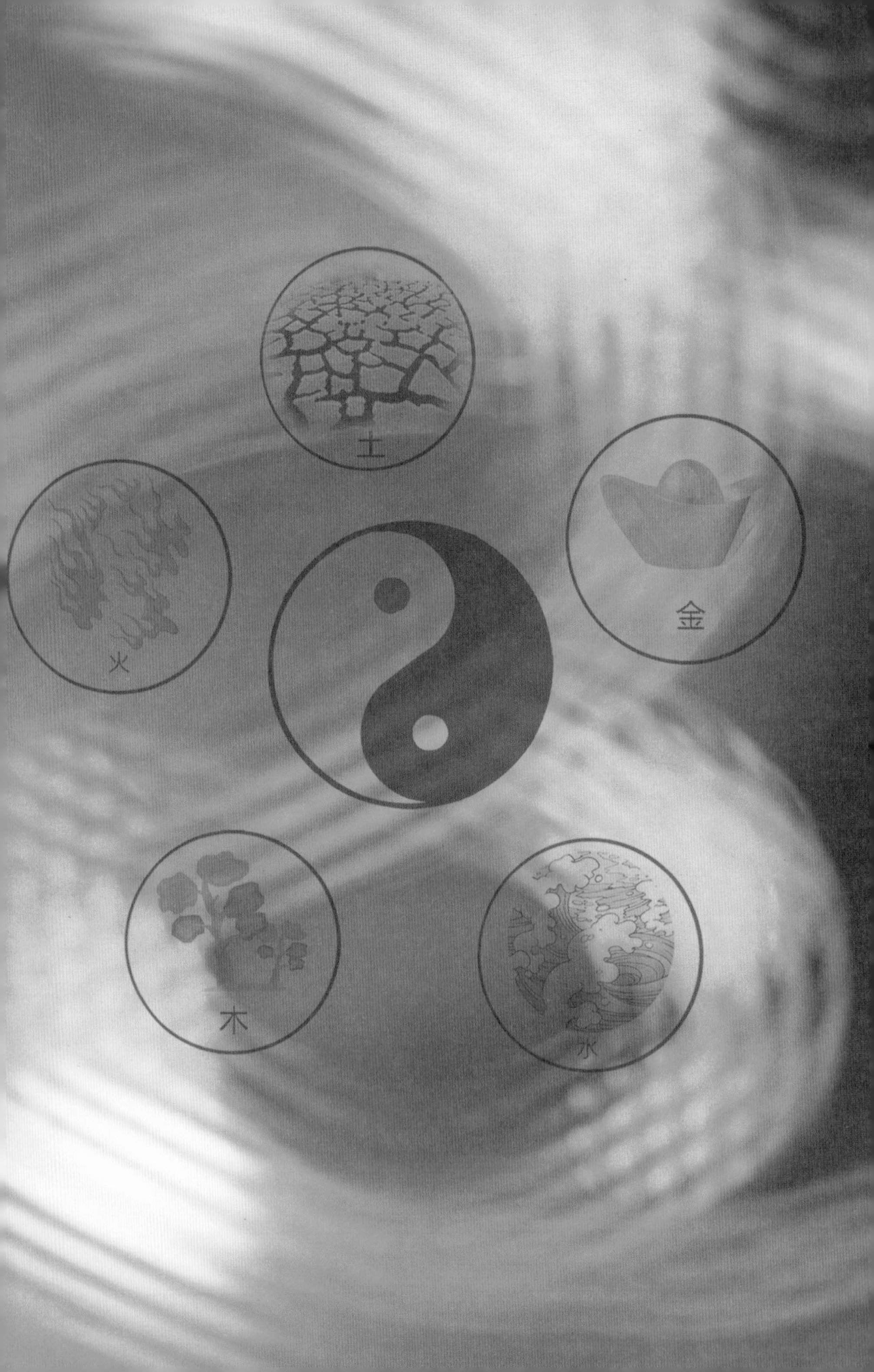
土
火
金
木
水

紫微開運心法
個人氣場開運DIY

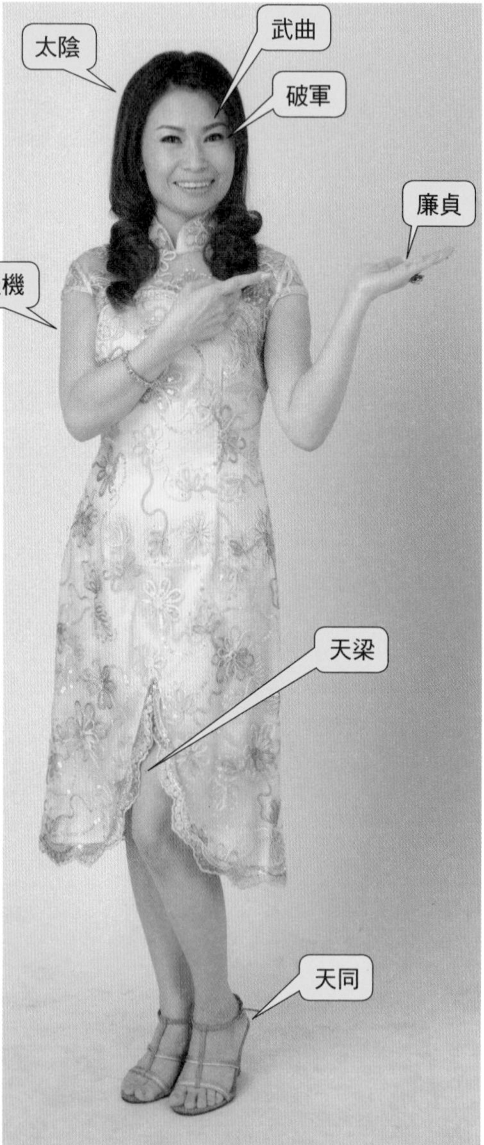

不需勞師動眾，不需花上一大筆錢買開運物，並沒有什麼天大的秘笈，什麼獨門的妙招。這裡所推崇的開運法，就是依據紫微斗數個人氣場開運心法，針對個人不同的開運方式，由內到外去改變個人的氣場，以最樸實、最貼近生活的開運入門法，讓每個人可以自己動手，隨時隨地、隨心所欲地為自己開運。只要知道方法就不難，當然羅馬也不是一天建成，要用心和持續地去做，才有助磁場的提升，啟動自己的好運來。

紫微斗數講究的是氣、象、數、理的學問。如同一位專業的中醫師一樣，須透過「望、聞、切、脈」等過程，就能精準為患者斷病。

氣：甲、乙、丙、丁、戊、己……。「氣」是我們看不到、摸不到，卻可以感覺得到的東西……。例如：空氣、元氣、勇氣、志氣……等。紫微斗數可透過「四化」知道一個人具有何種「氣」，以及強度等等。

象：即垂象、長相、形象、樣子、高、矮、胖、瘦……等。紫微斗數可透過「星系」知道一個人具有何種「象」。

數：即＋、－、×、÷、1、2、3、4……等。即定數？變數？男人？女人？

理：推理、判斷。有了上項資訊後，接下來就要來判斷吉凶了。

你的「氣」夠嗎？你的臉上與外觀是否不小心透漏了紫微斗數的祕密了呢？

紫微形性賦與易經說卦傳也有明確給予暗示，例如：

紫微形性賦：太陽為金烏圓滿

易經說卦傳：太陽為乾、為天、為首、為圓

在在都有給予開運的暗示，就是說太陽的人，長相要金烏圓滿。什麼是金烏圓滿呢？也就是說臉部整體看起來應該是圓圓的，圓圓的頭形、圓圓的臉、圓圓的下巴。此種面相之人通常看起來非常有貴氣，一副老闆的樣子，並能擁有良好的人緣與社交。

那為乾、為天、為首、為圓呢？表示太陽星之人容易有頭痛的問題，平常需要加強保養頭部，例如不濕著頭髮睡覺，並要抽出時間讓我們的頭腦休息、充電，才能時時刻刻保持頭腦清晰，為自己打勝戰。

那你一定說，慘了，我的長相不是金烏圓滿，臉部、下巴也不夠圓怎麼辦？放心！

古代先賢有曰：

40歲以前的長相是父母給的，但40歲以後的臉孔是靠自己修來的。

也許我們出生時的樣子不夠好，長相也不夠福氣，但很多例子告訴我們，我們確實可以透過後天的修身養性、養生與生活習慣而使我們樣子越來越好看，看起來越來越有魅力哦！

這個單元將從生命密碼切入，也將提供幾個筆者常做的簡易養生方法，提供各位做參考。這些方法乍看也許坊間都有，但配合紫微斗數個人命盤，卻能得到相得益彰、令人驚訝的效果。若各位先賢有更好的養生建議，也歡迎提供讓大家受惠。

現在就讓我們一起進入生命密碼給予我們的開運提示！

生命密碼1號
個人氣場開運錦囊

廉貞
先天五行：丁火
後天五行：艮土

生命密碼1號者，廉貞化祿，可啟動你的好運氣場，使你愛情、事業如魚得水，好運滾滾來。

廉貞在人體裡代表的是太陽穴、手指與手掌。

廉貞為丁火，為囚星，是一顆化忌時容易緊張、有憂鬱傾向的星宿。在人體五官上是太陽穴。

太陽穴是「三叉神經」和「睫狀神經」的匯集之處。會使人感到頭暈、臉部神經緊繃、眼花、失眠、緊張，甚至於憂鬱等症狀。

那為何與手指有關？

易經說掛傳曰：廉貞為艮、為手、為指，廉貞在人體上也代表手指與手掌。手指代表藝術天分、創作能力。廉貞化祿之人具有藝術天分、創作能力佳。手掌可看出一個人的性格、工作能力等。

廉貞為艮，艮在地理上是代表高山，高山在寒冷時，其頂端會有白雪之象。心血來潮時，在前額上留點白髮或染成淡色，對運氣也不錯哦！

因此生命密碼1號者開運的重點在加強太陽穴的明亮度、手指的美感與手掌的保溫。

整體感覺：廉貞為丁火，代表精密儀器，是智慧型的象徵。
因此你適合看起來優雅、有智慧的造型。偶爾攜帶筆記型電腦、掌上型電腦、手機或與眾不同的飾物等，會讓你看起來充滿魅力哦！

顏色：廉貞先天為丁火，為紅色、橘色。後天為艮土，為淡黃、白色。以紅色、橘色、白色、淡黃為搭配主軸。

加強部位：加強太陽穴的明亮度、手指的美感與手掌的保溫。

在前額上留點白髮或挑染
對運氣有加分作用

廉貞代表電腦等精密儀器

紫微形性賦：廉貞眉寬、口闊、面橫，為人性暴，好忿好爭

意思是說，廉貞坐命之人，如果眉毛粗亂寬闊，口寬嘴大，臉部四方較寬之人，其性格是很容易動怒，喜歡爭強好勝的人。眉毛粗亂表示血氣生發過旺，無法收斂。此種人通常比較粗獷、不夠理智、情緒化，需透過運動與食療才有辦法改變其命運與性格。

紫微開運DIY

生命密碼1號者，廉貞化祿，要加強太陽穴的明亮度、手指的美感與手掌的保溫。坊間有很多教大家如何使手指變得修長及美麗的方法，在此不再贅述。僅提供一兩個保健方式，既可改善我們的精神與健康，又可提升廉貞星的氣場與運氣，一舉兩得哦！

開運錦囊1：按摩太陽穴，廉貞好記憶

如果能在每天臨睡前及早晨醒來時按摩此穴道，不僅能養目護身、消除疲勞，還能活化腦部的功能，穩定我們的情緒，使我們精神更集中。如此就能像廉貞電腦記憶體一樣，將一天要做的事情有系統的存在我們的大腦裡，做事自然有系統，官運節節上升。

方法：

採取坐姿，將兩手掌搓熱，貼於太陽穴，稍稍用力，順時針轉10～20次，再逆時針轉相同的次數即可。

每天持續做，最好不要中斷。

開運錦囊2：十指相敲，十拿九穩

十指是我們身體的末梢神經，也是我們心氣、血氣最不容易到達的地方。廉貞星為丁火，屬血脈，化忌時，手腳末梢會冰冷，女性容易經痛、月經不順。

十指末梢有很多的井穴，常做十指相敲法，不只能改善手腳冰冷的問題，還可強化手指的靈活性、增強腦部的功能，讓我們做事更加得心應手，十拿九穩哦！

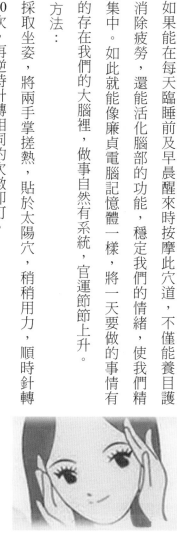

方法：

雙手十指相對，互相敲擊，有空就做，次數不限。

開運錦囊3：天天拍掌，天天擁有好氣場

廉貞代表手掌，而掌上是我們五臟六腑的健康反射區，時常拍我們的手掌，可對身體五臟六腑的氣血達到調節的作用，還可改善失眠，去除心中鬱氣，給你天天好運氣，天天擁有好氣場。

方法：

拍手掌有兩個方法，可以互相交換拍。

實心拍掌：雙手掌對掌互相拍擊，拍出響聲，每天最少五分鐘，直至雙手感覺發熱、發痛為止。或給自己一個目標，每天最少200～300下等。

局部拍：雙手隨意局部拍打，例如手掌拍手掌、手指拍手指或右手掌從上至下拍打左手掌，再交換拍打。如此重複直至雙手感覺發熱、發痛為止。

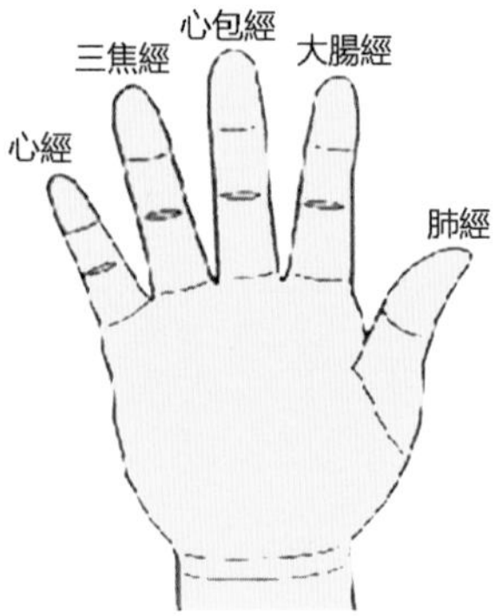

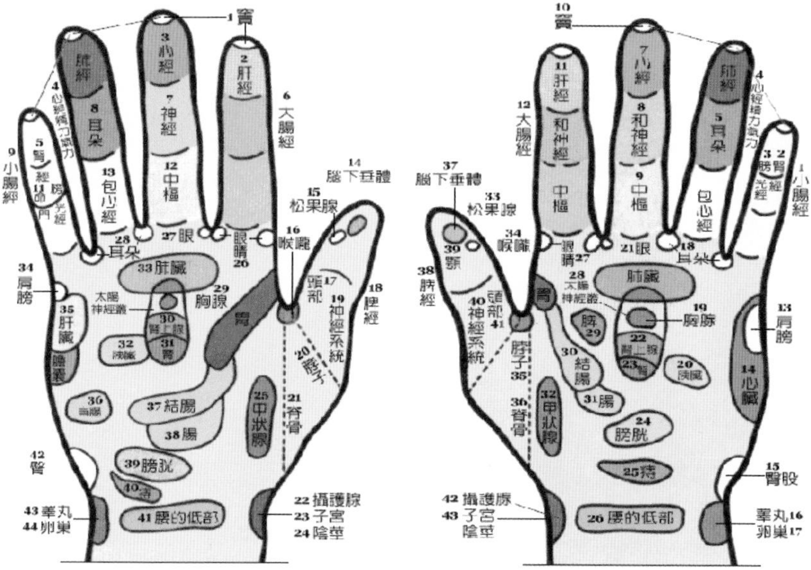

生命密碼1號者要多拍掌
可改善失眠、去除心中鬱氣，給你天天好運氣

生命密碼2號
個人氣場開運錦囊

天機
先天五行：乙木
後天五行：坎水

生命密碼2號者，天機化祿，可啟動你的好運氣場，使你愛情、事業如魚得水，好運滾滾來。

天機在人體裡代表的是手、腳與耳朵。

天機為兄弟主，代表的是手足。

因此生命密碼2號者，手腳不能太粗胖，手指要修長，握力要強，表頭腦靈活，善於掌握機會與命運。

反之，手小、握力不夠之人，不善於掌握機會。

為何代表耳朵？易經說掛傳有曰：天機為坎，為耳。

天機星之人不能隨便破壞自己的耳朵，是壞運之兆。

多做手腳運動使之靈活。可使手部、腿部變得美麗與感覺修長。

不要穿太多耳洞。破壞天機的運氣。

因此你的開運重點在適當露出耳朵，或戴上耳環，加強視覺效果，並使耳垂看起來大且有福氣。

服裝打扮上則以能凸顯手腳修長為原則。

整體感覺：以自在飄逸為打扮重點，或綁馬尾露出耳環與耳朵，讓自己看起來更活潑靈活。

顏色：天機先天為乙木，為青綠。後天為坎水，水為黑、為藍色。以綠色、黑色、藍色為搭配主軸。

加強部位：加強耳朵美感與凸顯手腳修長為打扮重點。

紫微形性賦：天機為不長不短之姿，情懷好善

天機為乙木，為小草。小草通常都是高矮、寬細差不多的植物。因此天機星之人，身高應該屬於一般，不高不矮，也不會太胖，並擁有處處與人為善的情懷。長得太高或太胖的天機，要注意健康與孤獨的傾向。

紫微開運DIY

生命密碼2號者，天機化祿，天機為不長不短之姿，因此身材、手、腳的均勻是好運的象徵，不可以太粗胖，且要有握力哦！

開運錦囊1：纖纖細手，天天好機運

擁有纖纖均勻的細手，是生命密碼2號者好運的象徵。

坊間有很多方法可使手臂變細，在此，僅介紹一種我常做並且認為非常有效的方法供讀者參考。

方法：

利用一張高矮適當的椅子，背向它，雙手貼在椅座上，腳跟貼地不要翹起。如此利用手臂的力量讓身體上下移動，做到手臂瘦了為止。早晚各做一次。或有空就做，很快就會看到自己手臂慢慢變細、變得結實了哦！

開運錦囊2：強化腿部，天天走好運

使腿部變細的方法也有很多，但我覺得這個方法不錯，此方法不只可增強腿部肌肉功能，使腿部變細，並可防止老化，加強記憶哦！

健走法

方法：每5秒走10步，每晚各30分鐘。

常做手腳或腿部運動，可強化天機星的氣場與能量。

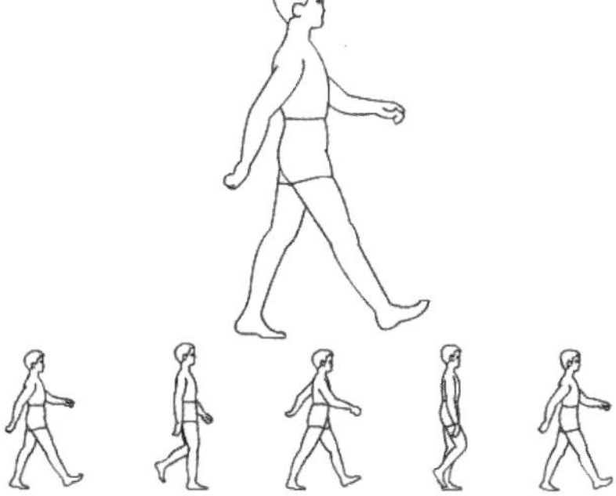

紫微小插曲5：男抖窮，女抖賤？

時常聽人說：「男抖窮，女抖賤。」是否真有這麼回事？

原來這是人的健康與身體結構有關，人類所有的思想與行為都是從身體中發出來的。什麼是「抖」呢？即坐著的時候煩躁不安，不自覺地抖腿之意。其實這是我們身體腎精不足的外在表現。腎主藏精、收藏能力，會影響我們的定力與意志力。一個人不自覺的抖腿，表腎精不足，影響其思維，使其意志力與定力不夠，因此不易成功，導致貧窮。

「煩」：是一個「火」加一個「頭」字，表示虛火上頭，頭腦無法理出思緒。

「躁」：是一個「足」加一個「躁」字，表示腳亂動，無法定下來之意。

命理可與生活搭配在一起，選員工時不要選會抖腿的人，就算其人真的非常的聰明，並具備思維的寬廣度，但因意志力與定力不夠，做事一樣會失敗，無法為公司賺錢，叫他回家養好身體再說。

你是否也有不自覺抖腿的習慣呢？趕快改變自己的生活習慣與態度，把腎養好來，腎精足了，人自然會內定，定力要夠，人才容易成功。

生命密碼3號 個人氣場開運錦囊

天同
先天五行：壬水
後天五行：震木

生命密碼3號者，天同化祿，可啟動你的好運氣場，使你愛情、事業如魚得水，好運滾滾來。

天同在人體裡代表的是耳垂與足部。

天同化氣為福星，主管健康與福氣。而在我們五官上最能表現我們健康與福氣的地方就是耳垂。

耳垂大、肥厚，且沒有皺褶之人是長壽的象徵。

那為什麼與足部有關呢？

易經說掛傳曰：天同為震，為足，為膝蓋以下至腳掌的地方。且腳掌支撐著我們的身體，是我們人生富貴貧賤與健康的根基。這些都與天同有關。因此要常保足部的潤滑與保溫，足部時常冰冷者易得婦科疾病與影響睡眠，對愛美女性絕對不是「福」音哦！

因此生命密碼3號者開運的重點在耳垂的視覺圓滿上，注意足部皮膚的潤滑與保溫。龜裂的足部間接地也透漏著天同星運氣不好的徵兆。

整體感覺：以輕鬆、活潑、自然不造作為打扮重點，能襯托出你天真無邪的氣質。

顏色：天同先天為壬水，為黑色，後天為震木，為碧綠、淺綠的顏色。但較不鼓勵黑色，以碧綠、淺綠為較接近天同福星與健康的顏色。建議碧綠、淺綠以搭配主軸。

加強部位：密碼3號**耳垂**不豐滿者，可利用耳環的搭配，使其在視覺上看起來豐潤圓滿。**足部**要注意滋潤與保溫。

紫微形性賦：天同肥滿，目秀清新

天同代表小孩，主管的是健康與情緒。一個健康、情緒穩定之人，自然就能心寬體胖，像小孩子一樣長得圓圓有肉，並透露出清澈且秀麗的眼神，人見人愛。這裡要強調的是，古文所說的肥滿，不是指臃腫過於肥胖的那種，而是身體圓潤，看起來脂肪比較厚，充滿健康型的身材，各位可千萬別搞錯了哦！

紫微開運DIY

生命密碼3號者，天同化祿，要多強調「圓融」與「福」星的性質。「福」從哪裡來？「福」來自於健康的體質與穩定的情緒。因此在紫微斗數裡天同星代表的是健康與情緒。

耳朵是長壽的代表，足部是健康的根基

天同是壬水，與腎臟有關。在中醫裡，腎開竅於耳，耳朵的大小、健康與否，間接地也反映了腎臟功能好不好，腎氣足不足？腎主藏精，是我們的元氣所在。有空多戳戳耳朵，保養耳朵，睡前用熱水泡泡腳，或到公園踩踩石頭，刺激腳部的血液循環，自然能使自己福星高照，好運連連。

開運錦囊1：心腎相交法，強化天同好腎氣

天同是壬水，與腎臟有關。腎氣不足，心臟也會不好，耳朵問題或者是耳垂突然出現皺褶者，是心肌梗塞與心臟病的前兆，因此多做心腎相交法可疏通我們的心血管與強化腎臟的功能，自然能使耳垂越長越美，看起來「福」氣逼人哦！

方法：

中指是心包經的井穴，所以用中指插進耳朵裡，在裡面旋轉180度，動作要輕、要柔、要緩，像小蟲子在裡面蠕動一樣，指甲也一定要剪得很乾淨，旋轉約二、三十秒後，突然將手指猛然向外拔出，最好能聽見響聲，這樣就可完成了簡易的心腎相交法。

開運錦囊2：揉捏耳朵，天同延年益壽

耳朵上有很多的穴位，有空時多用拇指與食指揉捏整個耳朵包括耳垂，由內向外，直至有點發熱為止。

據報導，如此常做可達到清腦明目、健腎壯腰、養身延年的功效哦！

開運錦囊3：天天泡腳，天同好足氣

每晚用熱水泡腳：對人體來說，上半身最重要的是頸椎與咽喉，中間最重要的是腰，下半身最重要的是足部，特別是腳踝，是我們健康的根基，此部位不可以受寒，受寒則百病叢生。

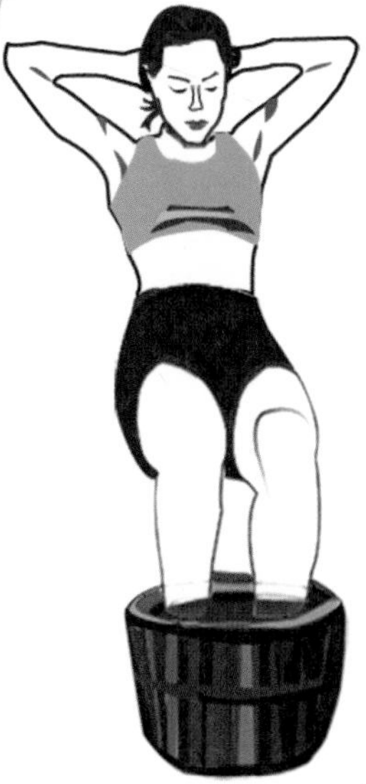

每晚最好用熱水泡腳，水要超過腳踝，最少20分鐘，直至身體微微出汗。之後再適當的搓揉足部與腿部，如此，不只可像天同星小孩子般好吃、好睡，對健康也有莫大的助益哦！

生命密碼４號
個人氣場開運錦囊

太陰
先天五行：癸水
後天五行：坤土

生命密碼４號者，太陰化祿，可啟動你的好運氣場，使你愛情、事業如魚得水，好運滾滾來。

太陰在人體裡代表頭髮與眼瞼。

太陰為癸水，癸干代表腎臟，腎為髮之華，在人體裡太陰代表的是頭髮，頭髮黑不黑？是否潤澤？與太陰的腎氣有關。

在紫微斗數裡太陰是宇宙自然界中的陰極物體，在人為女人，主司田宅主。

一個女人是否擁有甜蜜的感情世界，荷爾蒙、內分泌是否平衡，可從頭髮看得出來。頭髮柔順的女人皮膚也一定是美麗，性格溫柔且甚富女人味，感情也較能得到滿足。

頭髮粗糙的女人，腎氣不足，內分泌易失調，容易感覺恐懼，沒有安全感，間接地也會影響自己的感情世界，在感情世界上不易感到快樂與滿足。在我們五官上為眼瞼，

眼瞼是否寬闊豐美，也代表著田宅宮旺不旺？居住環境如何？以及置產運氣等。

田宅也代表女性的子宮，一來因為古代女人是在家生孩子，二來因為在十二人事宮上它是在子女宮的對宮，也代表一個女性子宮的狀況。

因此生命密碼4號者開運的重點在加強頭髮的健康保養與強調眼瞼的視覺寬闊豐滿性。

整體感覺：妳適合長髮、浪漫帶點飄逸的感覺。

顏色：太陰為癸水，為黑色。坤土為黃色、土黃。
以黑色、黃色、土黃，再加上白色為搭配主軸。

加強部位：用眼影修飾讓眼瞼看起來寬闊及豐滿。
擁有一頭飄逸的長髮是妳最大的魅力。
盡量把頭髮放下，讓人不自覺把焦點放在妳頭髮上為裝扮重點。

紫微形性賦：太陰為玉兔清新

傳說月亮中有一隻兔子，渾身潔白如玉，稱為「玉兔」。此兔子每天拿著玉杵在月宮中跪地搗藥，製作不老仙丹，久而久之，玉兔便成了月亮的代名詞。因此，太陰讓人感覺潔白如玉，長相脱俗清新，像不食人間煙火的仙女一樣。各位想到像誰嗎？我覺得代表人物像年輕時留著一頭飄逸長髮的台灣巨星林青霞……

紫微開運DIY

太陰既然像玉兔清新，擁有一頭飄逸美麗長髮，但並不是要各位都要長得像年輕時的林青霞一樣。其實這句話要求的是類似如此的氣場與感覺。太陰之人外表必須讓人覺得很乾淨，擁有一頭柔柔順順的頭髮，邋裡邋遢是太陰化忌的表現。越接近玉兔清新，那麼好運便離妳不遠了！

開運錦囊：甩開三千煩惱絲，太陰沒煩惱

如何甩開我們的三千煩惱絲呢？介紹各位一個好方法，那就是天天梳頭。

梳頭是一門大學問，很多人認為梳頭只是為了把頭髮弄整齊。其實不然，梳頭實際上是在疏通我們頭上的經絡，也在疏開我們的煩惱。

中醫有句話：「不通則痛，通則不痛」，經絡不通的地方一定會痛，一定要把它揉開，問題才會解決。

就像我們做人、做事一樣，要想辦法去解決生活上的種種問題，不要怕痛就逃避，否則越積越多，那麼「三千煩惱絲」到時要一條一條去解決，那可真是煩惱啊！

梳頭其實就是在疏通我們頭上的各個經絡，打通身體的五臟六腑，強化肝臟與腎臟，讓我們的頭髮容易生長，變得濃密、不易脫髮。腎主水、主藏精、主黑色，腎強化起來，人就會有精神，有元氣，頭髮變得烏黑、有光澤，也不易長白頭髮了。可見得梳頭真的好處多多，經絡一通，頭腦也通了，真是「一舉數得」！

那麼究竟該如何梳頭呢？

方法：

①選擇粗一點的梳子，也可用手指抓梳頭髮。

②動作要輕柔，不要大力拉扯，弄傷頭皮。

③先彎腰低頭，將頭髮甩到前面，由後頸髮際開始往前梳至髮梢，最少100下。之後再抬起頭，將頭髮甩向腦後，再由前額髮際向後梳至髮尾。最少100下。如果可以早晚各梳一次。沒時間時選擇晚上梳頭可幫助睡眠。

④不濕頭睡覺，會引起頭痛、眼花、脫髮、臉發黑等問題。

⑤要有正常作息，適當的運動，不熬夜。身體不健康，頭髮一定不會有光澤。

⑥多食綠色蔬菜、豆類以及海藻類食物，如海帶、海草、紫菜等含鈣、鉀、碘等物質。

頭部有很多經絡，天天梳頭，天天

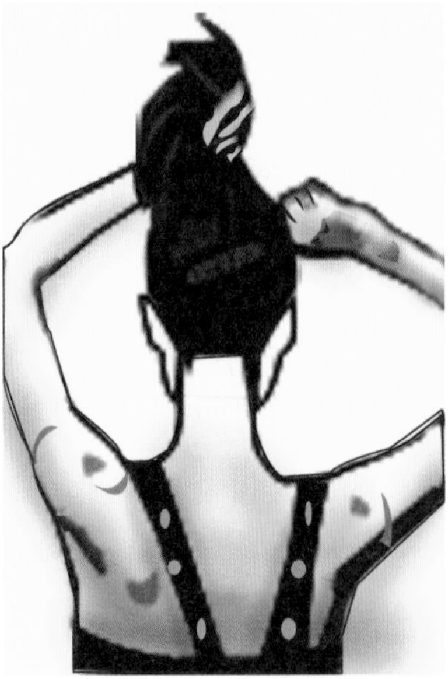

疏開我們的經絡，也疏開了我們的煩惱，真是一舉數得！

頭髮一活絡起來，太陰也活化了，變成一位很有自信、令人無法抗拒、充滿魅力的玉兔清新美人！

至於眼瞼部分，坊間有很多書籍有教導如何使眼瞼看起來更美麗的化妝法，各位可自行查閱，在此就不再贅述了。

生命密碼5號
個人氣場開運錦囊

貪狼
先天五行：甲木
後天五行：坤土

生命密碼5號者，貪狼化祿，可啟動你的好運氣場，使你愛情、事業如魚得水，好運滾滾來。

貪狼在人體裡代表的是人中與山根。

貪狼先天為甲木，為萬物之始，與一個人的性慾、生育有關。在女性為子宮、卵巢功能，男性則為精子問題。在人體五官裡，人中可看出貪狼星的狀況。人中是任脈、督脈的交匯處，任脈主血，督脈主氣。一個人氣血足不足，子嗣多不多，女性月經順不順都可從人中反應出來。貪狼也主壽，一個人的氣血充足，壽命自然會長，夫妻關係也會美好。因此，生命密碼5號者，應多注意養生，人中自然會改變，也就能改變我們的命運。

貪狼也為慾望之主，在人體五官裡能表現慾望之處就是我們的山根。

山根是位於兩眼之間的鼻樑處，代表一個人的信心與對事物的要求。山根高的人，

自我信心大，要求事物的完美，包括對人、對感情，或對事。貪狼化祿之人，山根恰到好處，表做人會有伸縮性。化權之人，會比較高，要求完美、慾望強。貪狼化忌之人，走極端，可能比較扁平，自尊心強、自卑心又重。可能太高，過於自信，導致慾望過高，失望也就越大。太極講究的是「中庸之道」，我們必須要控制我們自己的慾望，凡事過猶不及，才是一條最容易成功的道路。

因此生命密碼5號者開運的重點在加強人中與山根的清晰度與視覺立體感上。

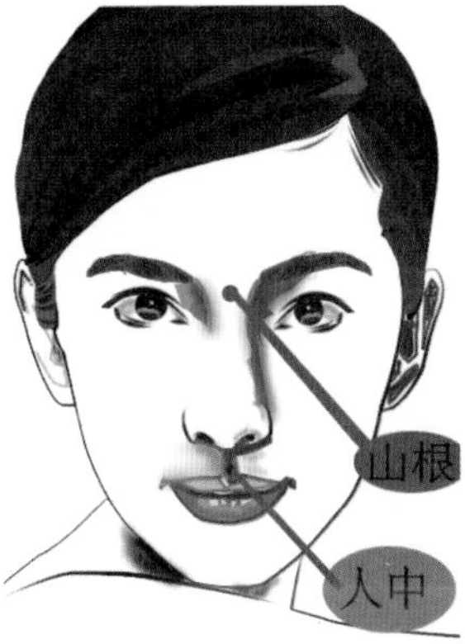

整體感覺：貪狼為Geisha演藝人員。適合變動、新潮、現代感的裝扮。

顏色：貪狼先天為甲木，為綠色。後天為坤土，為黃色、咖啡色、黑色。但因密碼5號者，貪狼化祿與天機化忌同為綠色與黑色，使用這兩個顏色會產生兩個正反極端的效果。因此不建議採用。以黃色、咖啡色為幸運搭配顏色。

加強部位：加強人中的立體感與山根的平衡感上。

紫微形性賦：貪狼為善惡之星，入廟必應長聳，出垣必定頑囂

貪狼為慾望之主，為一顆養生與修道之星，因此善惡都在一念之間。慾望放在正確的道路上，就能為自己帶來福氣與財氣，並廣結善緣。若時常為了一己私欲，放在不擇手段上，則其人必定囂張，重利輕友之人，最後必天機化忌，所有朋友都將離你遠去。

紫微開運DIY

貪狼星為福禍主，為一顆與養生、修行有關之星。建議多參加瑜伽、氣功、身、心、靈之類相關課程，可改變貪狼星浮躁的運氣，心想事成。

開運錦囊1：打通任、督二脈，貪狼好氣場

貪狼為甲木，萬物之始，與壽命、養生有關。而任脈、督脈是我們身體兩條重要的

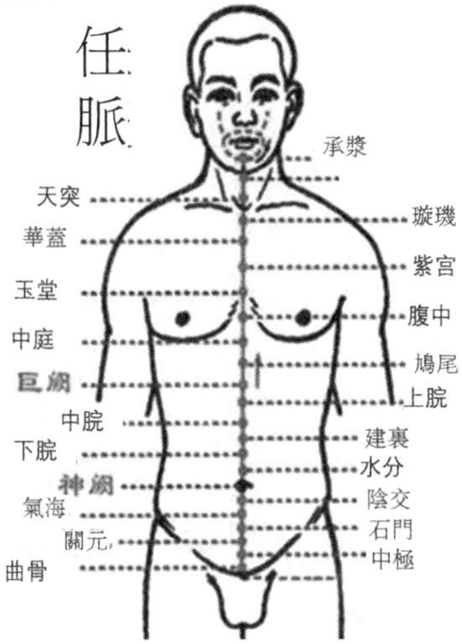

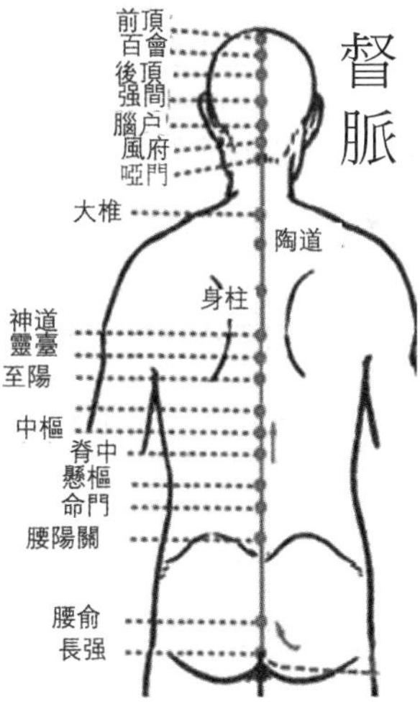

陰、陽氣血交匯主脈。任、督二脈若通，則八脈通；八脈通，則百脈通，進而能改善體質，強筋健骨，促進循環，達到養生的目的。

下面介紹一種非常簡便的方法，原來任、督二脈的出口處就在我們口中上顎之處，所以只要常用舌頭頂上顎，最少9下，天天做，就能輕輕鬆鬆的打通我們任、督二脈，達到養生的功效。

很簡單哦，試試看！

開運錦囊2：靜坐調氣，貪狼不浮氣

密碼5號之人，貪狼化祿，適合多做運動、養生與運氣，能減少貪狼的浮氣外，也能使你的身體機能保持最佳狀態，時時精力充沛，愛情、事業兩得意。

生命密碼6號
個人氣場開運錦囊

武曲
先天五行：辛金
後天五行：乾金

生命密碼6號者，武曲化祿，可啟動你的好運氣場，使你愛情、事業如魚得水，好運滾滾來。

武曲在人體裡代表的是眉毛、鼻子與顴骨。

眉毛在我們五官上可表現出一個人血氣足不足？做事是否有魄力？容不容易賺大錢等。

而武曲先天五行為辛金，後天五行為乾金，均與我們的肺、氣、皮毛有關。

肺主我們一身之氣，肺氣足的人做事果斷、有魄力。

因此，眉毛可以看出一個人武曲星肺氣足不足？做事是否有魄力？會不會賺錢等。

眉毛濃之人，氣血充足，剛強，做事有魄力。

眉毛淡之人，氣血不足，渙散，較缺乏魄力。

眉毛稀疏者，可透過紋眉、補眉或畫眉來彌補人氣、財氣的不足。

鼻形由紫微星胃經所生，但鼻孔與呼吸有關，為武曲星的肺經所生。鼻形好之人，表脾胃強，紫微土能生武曲金。因此，鼻形大且挺之人，肺氣足，做事有魄力、果敢、堅強，自然就能財運滾滾來。

顴骨代表權力。「顴」也「權」也，是「權力」與「慾望」的象徵。

因此生命密碼6號者，要在眉毛上強化此種氣場，女性應柔化顴骨的剛強性，並突出鼻頭的圓滿亮度，增加自己的人氣與財氣。

整體感覺：武曲屬金，會時常給人剛硬與冷冷的感覺。因此整體上以暖色、橘色或柔和的裝扮為重點。

顏色：武曲先天為辛金，後天為乾金，均為白色與淺色。以白色、淺色為搭配主軸。以橘色來柔化武曲星的剛性。

加強部位：加強**眉毛**的修飾，不要太細，**鼻頭**要圓滿明亮。**顴骨**部分可輕輕刷上腮紅。

紫微形性賦：武曲乃至剛至毅之操，心性果決

意思是說，武曲星坐命之人，有非常剛強、堅毅的情操，性格果敢做事有決斷力。這些都是因為武曲星肺氣足的象徵。肺氣不足之人，做事優柔寡斷，缺乏積極性，自然也就與財運無緣了。

紫微開運DIY

生命密碼6號者，武曲化祿，武曲開運重點在眉毛、鼻子與顴骨

不要亂拔眉毛，眉毛太細或太稀疏，是武曲星運氣不好的象徵，不利財運的追求。

鼻孔不宜仰漏，鼻毛露出要立刻剪掉。

揚眉吐氣，財官雙全！

紫微小插曲6：顴骨高的女人命不好？

顴骨高的女人命不好嗎？這當然也牽涉到身體結構與健康。

顴骨是人體小腸經循經的地方，顴骨高的女人，表示心肺功能比較旺盛，陽氣足、志氣高，往往對人生有更多的要求，不易滿足現狀。在傳統的男性社會中，比較會女奪夫權，因此被冠上剋夫或命苦的稱號。

「顴」也「權」也，顴骨高的女人容易出現剛強的臉孔，對權力的慾望比較強，獨立自我，不認輸，而使得婚姻、感情容易出現問題，活得比較辛苦與孤單。

其實，這也是很容易改變的，所謂「命由心造，相由心生」，一個人的長相一半是天生，一半是受心性影響。

養生、改變心境，就可改變我們的面相，進而改變自己的運氣，擺脫宿命的困擾。

女人若能把自己的心境調適好，經常注意自己的言行，說話聲調拉低，行動溫柔些，並放棄爭執與過多的慾望，漸漸的妳會發現面相越來越圓潤，顴骨也變得不再那麼明顯了。

試試看，非常有效哦！

生命密碼7號個人氣場開運錦囊

太陽
先天五行：丙火
後天五行：乾金

生命密碼7號者，太陽化祿，可啟動你的好運氣場，使你愛情、事業如魚得水，好運滾滾來。

太陽在人體裡代表的是**頭部**、**眼睛與下巴**。

太陽為宇宙中極陽、極剛之能量。

易經說掛傳有曰：太陽為乾、為天、為首、為圓，天體圓運行不息，故為圓。

太陽星之人頭部通常是圓形的，臉也圓，擁有圓圓的下巴。

眼睛主貴，是我們的靈魂之窗。

可戴適當的眼鏡加強眼睛的美感以彌補眼睛氣場的不足。

下巴主金屋圓滿，代表社交與人際關係的圓滿。

因此生命密碼7號者，除了要強化自己社交與人際關係外，開運的重點將要再加強**眼部美感與下巴**的圓潤豐滿上。

整體感覺：以陽光式、帥氣為打扮重點。

顏色：太陽先天為丙火，為紅色。後天為乾金，為白色、銀色。以紅色、亮色、白色、銀色、小圓點飾物為搭配主軸。

加強部位：加強眼睛的美感與下巴的圓潤豐滿上。

紫微形性賦：太陽為金烏圓滿

金烏指的就是太陽。意思是說，太陽坐命之人，臉部整體看起來應該是圓圓的，圓圓的頭形、圓圓的臉、圓圓的下巴。此種面相之人通常看起來非常有貴氣，一副老闆的樣子，並能擁有良好的人緣與社交。因此，臉頰凹陷，臉型不夠圓滿的太陽，距離好運還要多加油！

紫微開運DIY

古人有曰：30歲以前的長相是父母給的，但30歲以後的臉孔是靠自己修來的。圓圓的頭形在嬰兒時期已經定型，我們無法改變。但圓圓的臉型與下巴，卻可靠我們後天的養生、修行，與生活習慣而改變哦！

生命密碼7號者要多做眼球運動與眼睛按摩，擁有看起來靈活與光明的眼睛，是好運之兆哦！

開運錦囊：保持頭腦清晰，強化太陽官祿主

太陽為宇宙中極陽、極剛之能量，在人體為腦部、頭部，因此如何養腦，時時刻刻保持頭腦清醒，是太陽星作戰的第一步驟哦！

錦囊1：按壓百會穴，太陽能量啟動器

百會穴是人體督脈、膀胱經、肝經相交的穴位，也是人體陽氣最足的地方。

猶如太陽能量啟動器，當自己覺得頭腦不清、思緒不能集中時，按壓頭上的百會穴，可立刻達到提升陽氣、醒目的效果。

錦囊2：練習靜坐，太陽能量蓄電池

練習靜坐，讓心神安定。每天晚上最少抽出10分鐘，讓自己的心神安定，養護自己的大腦。人在心情平穩、安定的情況下，腦波就會呈現非常穩定且有節律的跳動。還可消除一身的疲勞。

方法：

◇全身放鬆：

雙掌合十，對準胸前膻中穴約一拳距離，掌尖向外傾斜30度，全身放鬆，雙眼微閉，如果可以，將舌頭頂住上顎，讓任、督二脈相通。

◇觀想宇宙能量：

觀想宇宙能量，有一股金色的光開始滋潤且淨化我們的身心，從頭頂百會穴進入，此光充滿頭部、兩肩，滋潤我們身體慢慢往下，至兩手掌心，再從頸部到胸部、肺部、心、脾胃、到達臀部、兩腳，之後從腳底的湧泉穴淨化排出。最後請放空思緒，讓大腦一片空白。

◇深緩呼吸：

最後請讓自己的頭腦放空，讓心保持安靜。身體放輕鬆，閉上眼睛，慢慢吸氣至肺部充滿空氣後，再慢慢呼出。每天應持續最少10分鐘。

辣椒影響太陽光明！

辣椒是走氣、走味的，具有通竄作用，可增進食慾與調高身體的元氣，是「吃辣一族」不可或缺的每日附加食物。但吃太多卻會「傷肝、損眼」，損害眼睛的光明，使眼睛變花，看不清楚東西，嘴唇也容易生瘡等。太陽之病容易在眼疾，例如近視、閃光、飛蚊症等，因此要特別忌口，對眼睛的復癒與運勢具有一定的影響。

生命密碼8號 個人氣場開運錦囊

巨門
先天五行：癸水
後天五行：兌金

生命密碼8號者，巨門化祿，可啟動你的好運氣場，使你愛情、事業如魚得水，好運滾滾來。

巨門在人體裡代表的是口腔、咽喉與頸椎。

巨門顧名思義為巨大的門，是通道所在。在人體裡上至咽喉、口腔，下至氣管。易經說掛傳曰：巨門為兌、為口、為舌，因此還包括嘴巴、舌頭、牙齒以及聲帶等「咽喉要道」。

古代把最狹窄而重要的關口稱為「咽喉要道」，人體的咽喉也是整個身體裡最重要的地方，它上通頸椎、大腦，下通全身氣血，包括任、督二脈。喉嚨兩邊叫「咽」，中間叫「喉」。咽喉一旦被阻塞，會使腦部變得不清楚，人就會昏庸，不明事理。所以巨門化氣為「暗」，表暗昧、不明事理之意。

巨門主管「口舌與是非」，「口」乃言語的門戶，飲食、是非的關口。

聲帶對巨門也很重要，多口出嘉言、發出悅耳的聲音，對巨門星的運氣有加分的作用。

注意牙齒的排列與隙縫大小是巨門星化忌的現象。會影響感情生活、六親關係、給人信用不佳等印象。

矯正牙齒，運氣會變好。

頸椎上撐頭首，下連身體四肢，為一身的棟樑。頸部歪斜、不夠豐圓結實者，表富貴的根基不夠，身體也容易百病叢生。

可利用頭髮、絲巾或項鍊等來襯托頸部的美感與平衡性。

因此，密碼8號者，巨門化祿，強調口、嘴、咽喉與頸椎。多發出悅耳聲音，口出嘉言，將使你無往不利，百戰百勝。

整體感覺：巨門化氣為「暗」，多做明亮、開朗的裝扮，不適合虛華、誇張的打扮，以免增加巨門星「疑惑」的性質，讓人覺得不可靠。

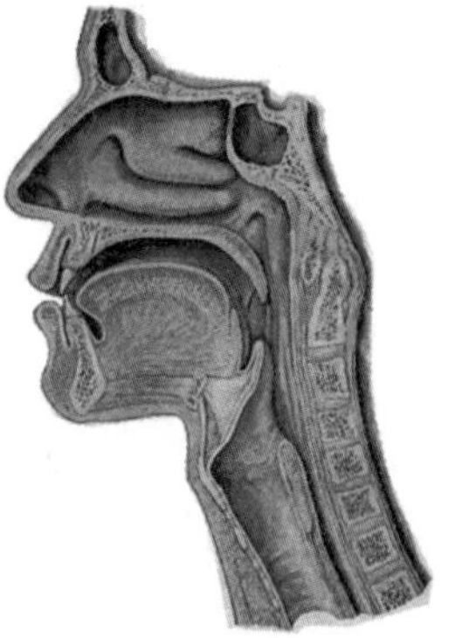

顏色：巨門先天為癸水，為黑色、藍色。後天為兌金，為白色、銀色、淺色系與紅色。但不建議黑色，因巨門化氣為「暗」，黑色令人感覺神祕、憂鬱，容易引動巨門星「暗昧」的性質，別人看不清楚你就會對你產生存疑。因此顏色建議以白色、銀色、淺色系、亮色為主軸。另外紅色具有爭鬥之意，建議改用紅色與黃色的混合體橘色最適合，可以去暗為明。

加強部位：加強嘴型的豐盈滋潤感與頸部的美感。保持口腔潔淨。

紫微形性賦：巨門乃是非之曜，在廟敦厚善良

巨門是一顆容易惹是非、口舌的星曜，但若在廟的位置，則屬言語不虛、敦厚善良之人。其實星曜本身只能說是一種垂象，所謂廟的位置，第一，星曜被宮位五行所生。第二，無凶星同宮或構成所謂的巨火羊、巨火鈴凶格。第三，有祿同宮或會照。才能使巨門棄暗為明，呈現吉祥的性質。

紫微開運DIY

開運錦囊1：保持咽喉通暢

保持巨門星的最佳方法，即是盡量不吃刺激性、油炸物或大蒜、辣椒、韭菜等氣味重的食物，以保持氣管、喉嚨與聲帶的順暢。

開運錦囊2：不破壞牙齒美觀

還有抽菸、嚼檳榔等是最容易破壞牙齒、口腔的衛生及美觀，是巨門化忌的現象，會得口腔癌、肺癌等，應盡量避之。

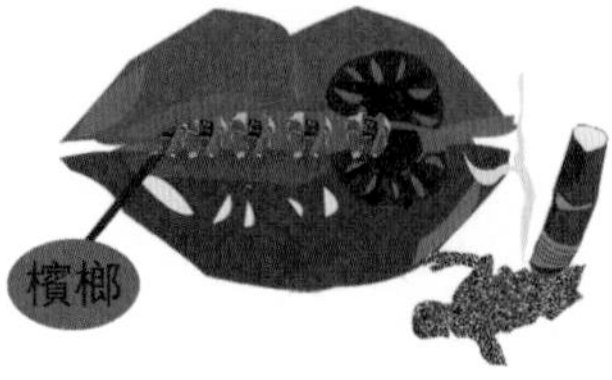

忌吃辛辣、油炸等食物
保持巨門好運勢

開運錦囊3：津宜數嚥，猶如天天吃燕窩

在中醫裡有個叫「津宜數嚥」的方法，就是鼓起我們的腮幫子做漱口狀，等嘴裡唾液充滿後再分三次吞下去。聽說此方法具有養顏補氣的功效，非常不錯哦！各位也可以試試看。

生命密碼9號 個人氣場開運錦囊

天梁
先天五行：戊土
後天五行：巽木

生命密碼9號者，天梁化祿，可啟動你的好運氣場，使你愛情、事業如魚得水，好運滾滾來。

天梁在人體裡代表的是法令紋、眉尾與大腿。

天梁為老人，具有長者的風範。在人體五官裡代表法令紋，表社會地位與權力，具有長者的氣勢。

天梁化權者法令紋容易呈現較深的現象，個性容易流於自我與固執。

天梁後天為巽木，主肝臟功能的強弱，也為人緣桃花。在五官上代表眉尾。眉尾表肝臟功能與免疫系統，也代表我們的人緣。

眉尾太短或稀疏者，免疫力差、氣血不足，人就會呈現懶散、怕壓力的傾向。如此貴人不易顯現，思緒紊亂、感情與理智無法平衡。

那為何是大腿呢？

易經說掛傳曰：天梁為巽、為股（大腿）、為寡髮。嘿！天梁不只代表大腿，還表示頭髮稀少呢！

頭髮的多寡與濃密與我們的肝腎有關，天梁在疾病上為免疫系統，加強免疫系統的預防，就能使頭髮長的濃密，減少脫髮的現象。

因此，密碼9號之人，若對自己的大腿感到不滿意，可以長裙、長褲或深色絲襪使腿部看起來纖細修長。

整體感覺：易經說掛傳曰：天梁為巽木，為長、為高。生命密碼9號者，可加強視覺上直、高，長的感覺。

顏色：天梁先天為戊土，為黃色，米色。後天為巽木，為深綠、青綠的顏色。黃色是大地的顏色，可廣結人緣。綠色是大自然的顏色，可增強身體的氧氣與免疫能力。對天梁星有加分的力量。

加強部位：法令紋較深者，應以遮瑕粉等亮度的粉妝以

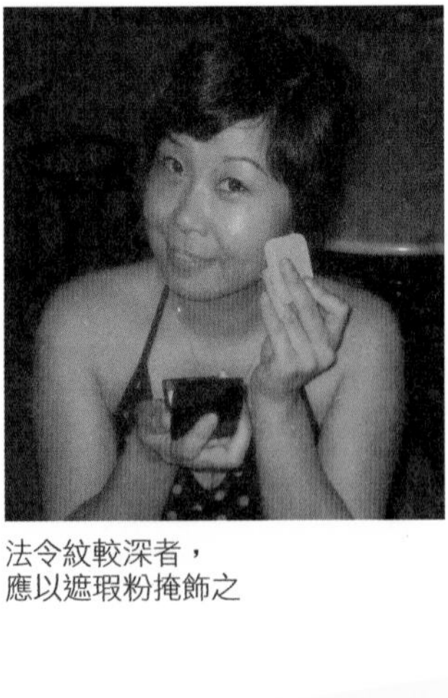

法令紋較深者，
應以遮瑕粉掩飾之

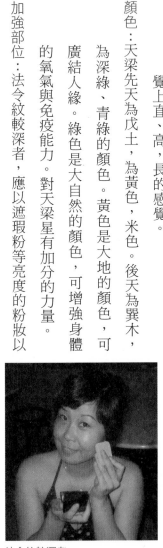

遮痕的方式使其看起來不明顯。加強眉毛的整齊與立體感，眉尾稀疏或太短者可用眉筆修補或紋眉可達到補運的效果。大腿太粗者以長裙或長褲掩飾之。

大腿太粗者，
以長裙或長褲掩飾之

紫微形性賦：穩重心事，玉潔冰清

天梁星是老人星，思想會比較早熟，也具有策劃與分析的能力。由於思想比較早熟，會給人穩重的感覺。他們對於不熟的人不容易透露自己的心事。有時相當理性，具有自我的原則，不會與人同流合污，因此有玉潔冰清之美稱。

紫微開運DIY

開運錦囊1：清淡、少油，胖腿bye bye！

除了多做腿部運動與按摩之外，在飲食上也要做到清淡、少油、低脂肪與高纖維的食物，如此就能減輕大腿的肥胖感了。

開運錦囊2：眉開眼笑，青春飛揚

平常盡量不要皺眉，會使原本穩重成熟的天梁星看起來更加老氣與死氣沉沉哦。

生命密碼0號 個人氣場開運錦囊

破軍
先天五行：癸水
後天五行：離火

生命密碼0號者，破軍化祿，可啟動你的好運氣場，使你愛情、事業如魚得水，好運滾滾來。

破軍在人體裡代表的是眼睛、胸部肌肉與肩膀。

破軍先天為癸水，後天為離火。

易經說掛傳曰：破軍為離，離為火、為目。一對炯炯有神的眼睛是破軍星的特色。

一般上破軍的女人眼睛都是大而明亮，頗有傾國傾城的魅力。

破軍化氣為「耗」，破軍之人要多運動，擁有結實的胸肌與較厚實的肩膀，如健美般的體格是破軍星好運的徵兆。

要加強運動，才能達到擴胸明眼的目的。

整體感覺：破軍為大海，具有衝擊力、一波一波，長江後浪推前浪。因此建議大膽、有創意、流行的裝扮。例如：誇張的髮型、超大捲髮、龐克頭、染髮或挑染等。

顏色：破軍先天為癸水，為藍色。後天為離火，為紫色、紅色，尖形或貝殼飾物為搭配主軸。

加強部位：可以紅色、紫色的眼影來強化破軍星眼睛的美感。抬頭挺胸，擁有海洋般的健康美是你最大的吸引力。

紫微形性賦：破軍不仁，眉寬厚背，行坐腰斜，奸詐，好行驚險

古文説破軍星之人，通常都是不夠仁心，不講道義的性格，其人眉毛粗寬，厚厚的背部，走路、坐著的時候，肩膀和腰都是歪斜的。他們的性格奸詐，喜歡做讓人驚訝、危險的行為。哇，看起來好像很恐怖，破軍星坐命之人一定大喊冤枉了。這句話應該倒過來説，那就是眉毛粗寬逆生，厚厚的背部，走路、坐著的時候肩膀和腰歪斜之人，才是可能奸詐、好行驚險之人。因此，要趕快透過運動、養生來改變自己的長相與體格，所謂「坐有坐相、站有站相」，否則，所到之處都給人認為是「不正」之人，那多麼冤枉啊！

紫微開運DIY

紫微形性賦已明白指出，眉毛粗寬、逆生之人，是個性叛逆、好行驚險之人。破軍先天為癸水，為腎氣，腎主藏精，主一個人的志氣。後天為離火，為心包經與心肺功能。心主血，所謂「心之官為思」主一個人的思想與行為。

眉毛過粗、逆生之人，表腎氣過旺，志氣高昂，血氣方剛，容易變得不可一世，反傳統、反社會主義，漸漸的反映在思想與行為上。

破軍後天為離火，主心肺，與一個人肩部、胸部肌肉有關。心肺功能差者，肩部瘦小，胸部肌肉較不發達。像古代林黛玉一樣，看起來楚楚可憐，總是淚眼汪汪，實則與心肺功能有關係。

當然，肩部與腰歪斜可能與長期坐姿有關。

多運動，就能改變心肺功能，調整我們的體型。多養生、運氣，就能改變我們的性格，慢慢地你會發現自己的眉毛越來越順，不再那麼橫逆叢生了。

破軍化氣為「耗」，多運動，擁有如擁抱大海般的健康美，就能使自己好運連連來。

開運錦囊1：開睛點穴，創造破軍電眼美人

用勞宮穴熱敷眼睛：將手掌心搓熱，眼睛閉起來，之後快速的貼在眼睛上，停留一會兒。每天一次，每次最少20下。如此可減少眼睛疾病，使眼睛更明亮。

開運錦囊2：浴眼法，塑造破軍水晶雙眼人

每天早晚洗臉時，頭低下，用水灑眼睛，當水接觸到眼睛時順便轉動眼球。最少10次。如此，不只可按摩我們的眼睛，還可防止老花眼，使眼睛更漂亮。

開運錦囊3：深呼吸護肩，奇妙輕鬆

每天最少10分鐘，讓自己靜下來，放鬆肩部，深深地、慢慢地呼氣與吐氣，如此能使我們肩部的缺盆穴蠕動，達到保護肩膀的功效。

教你如何看人、識人

紫微觀人術⇩形性賦

【形性賦】

・原夫紫微帝座，生為厚重之容

・天府尊星，當主純和之體

・金烏圓滿（金烏：太陽）

・玉兔清新（玉兔：月亮）

・天機為不長不短之姿，情懷好善

・武曲乃至剛至毅之操，心性果決

・天同肥滿，目秀清奇

・廉貞眉寬口闊面橫，為人性暴，好忿好爭

・貪狼為善惡之星，入廟必應長聳，出垣必定頑囂

- 巨門乃是非之曜，在廟敦厚溫良
- 天相精神相貌持重
- 天梁穩重心事，玉潔冰清
- 七殺目大兇狠，性急喜怒無常
- 破軍不仁，眉寬背厚，行坐腰斜，奸詐，好行驚險
- 文昌俊雅，眉清目秀
- 文曲磊落，口舌便佞，在廟定生異痣，失陷必有斑痕
- 左輔右弼溫良，規模端莊高士
- 天魁天鉞具見威儀，重合三台則十全模範
- 性貌如春和靄，乃祿存之盛德情懷
- 擎羊陀羅形醜貌粗，有矯詐體態
- 火星剛強出眾，毛髮多異，唇齒四肢有傷
- 鈴星性毒破相，膽大出眾

論命必推星善惡，
巨破擎羊性必剛。
府相同梁性必好，
失劫空貪性不常。
昌曲祿機清秀巧，
陰陽左右最慈祥。

啟開宇宙神祕靈動力
——福德宮

宇宙神秘靈動力——福德宮

紫微斗數的福德宮是一個具有神祕靈動力的宮位，光從字面來解析，它代表的是我們的「福氣與德行」。福從哪裡來?福從思想與德行而來。

有人覺得有錢就是福氣，因此沒錢就沒了一切。

有人覺得有愛情才是福氣，因此一失戀就天旋地轉，彷彿世界末日。

有人工作壓力太大，造成精神緊繃，要靠藥物來治療。

有人莫名的失眠，甚至胃痛，但都找不到原因。

有人憂鬱症，時常莫名的傷感，甚至有自殺的傾向。

……

紫微斗數的福德宮是一個主導我們大腦的宮位，大腦中有一個很神祕的地方，科學家稱它為松果體，此部位能因思想、念力的不同而產生不同波長的電波，與周遭的人、事、物相碰撞，根據磁場相吸定律原理，你身上產生什麼電波就會吸引什麼樣磁場的人來與你相結合，這就是我在四化裡所講的「命運的相吸定律」。

▪福德宮代表前世業力，與陰宅、祖墳、神位有關。

宗教、修行、慈善濟施、孝順父母、尊敬祖先等都能提升我們的福氣，消除我們的業力，改變我們的運氣。

▪福德宮代表我們的興趣、智慧與判斷力。

培養正面的興趣、博覽群書、充實自己，就能開啟我們的智慧、增加判斷力，運氣與人氣自能因知識的增長而得到改進。

▪福德宮代表我們的思想，與人生觀、意志力有關。

福氣有一部分固然與我們累世因緣有關，但根據統計很多的疾病與災厄都與我們的思想有很大的關聯，也就是所謂的「念力」。「萬物唯心造」，如果你覺得你是個不幸的人，那麼不幸的事物就會降臨在你身上。現在開始拋開所有令你不開心的想法，無論你覺得現在發生在你身上的種種是因果還是前世業力，趕快改變你的心境，「心轉運氣就轉」，這樣你才能夠吸引到貴人，吸引到好磁場的人、事、物來接近你，引領你進入更高的層次，才能擺脫既有的宿命與業力，迎向更幸福的人生。

福德宮代表我們的大腦，能產生念力與宇宙能量相融合，而人的命運本在宇宙之中，古人認為「天、地、人」是大一統的世界，我們必須巧妙的運用大自然的力量來為我們的生命加分，聽取宇宙的聲音，沉澱我們的心靈，讓我們的「心」能夠靜下來，唯有「心靜」才能「明心見性」，開啟我們的智慧，唯有「心靜」也才能在我們身體裡產生一股強大力量，使我們更有信心與能力去克服與面對發生在我們生命裡的種種難關。

人定勝天嗎？錯！人要先「定」，才能得到宇宙力量的加持，才能「勝天」。

方法一：天人合一，運氣升級！

宇宙天地間擁有巨大的能量，這股能量能與我們大腦的電波相融合，喚醒和激發人體內的潛在意識與潛在能力，進而達到身、心、靈合一的最高境界。

法於陰陽、合於術數，中國先賢講究「陰陽協調、天人合一」，認為人要與自然達到和諧，與自然界越融合，人的氣場就會越好，情緒越穩定，運氣自然也會增強。

讓我們來看一下這個太極，子午時恰是天地陰陽氣場交接的時點，也是人體能量最強的時刻。此時靜坐、閉目養神，可有效的吸收天地正氣交感之氣，為自己獲取有益的宇宙能量。這是為何古代的練功家或陰陽師喜歡練「子午功」的原因。

此方法看似不足為奇，但長久下來不但能使自己的心靈沉澱，還能培養自己的靈感與靈氣，增加論命的功力哦！

注意事項

地點：選擇舒服、溫馨的空間，室內空氣要流通、溫度要適中，太冷、太熱都不易使精神集中。

時間：一日二十四小時隨時都可以，但以子午時最好。午時，可稍微閉目養神或小睡片刻，能加強下午的學習與記憶。而半夜子時建議練習靜坐，聽取自己的呼吸聲就好，使忙碌了一天的心靈漸漸沉澱，達到心靜的目的。

必須每日修持才會看到效果。

飲食：不要過飽也不要餓肚子，以免心神散渙，精神不易集中，影響效果。最好飯後一、兩小時後再做最好。

衣著：建議寬鬆舒適的長袖、長褲。因人體在靜坐時，毛細孔容易打開，使寒風侵入造成感冒、關節炎疼痛等問題，特別是後腦與膝蓋的地方，不要讓冷氣或風直接吹到。

呼吸的建議方法：

1. 閉上眼睛，或稍微張開一點點，半開半閉亦可。
2. 用鼻子呼吸，慢慢吸氣越細越好，越長越好，之後再慢慢吐氣。
3. 耳朵不要往外聽，向內聽取自己的呼吸聲，自然就不易受到外界雜音的干擾了。
4. 精神放鬆、摒除雜念，讓頭腦一片空白，並保持愉快心情。
5. 靜坐時間午時因工作繁忙可以10分鐘就好，子時建議最少10分鐘至30分鐘。
6. 每天持續，不要間斷，最少三個月至半年以上，自然會有感應而做事胸有成竹。

方法二：觀想宇宙能量，爲自己加持

宇宙具有四大能量為：地、風、水、火。

地：為大地之母，為黃色光芒。具有堅實與穩固的能量，能令你產生安全、穩定的堅實感覺。例如：山、地、泥土、沙子、岩石、草原……等。

風：具有生命力的能量，為綠色光芒。能帶給你好運與希望。風要輕輕的才能感覺它輕靈、飄逸、自由自在的能量。例如：人的呼吸、走路、運動、新陳代謝等，輕輕的、不急不緩的，自然能感受一股超然輕靈的能量。

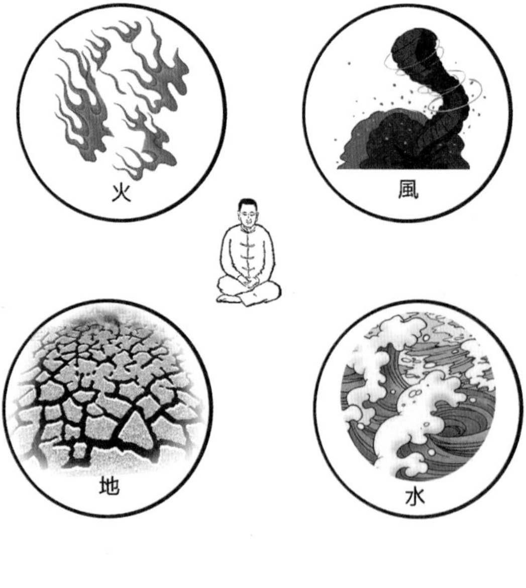

水：具有清涼與淨化的能量，為白色光芒。能淨化你的心靈，消除壓力與緊張。例如：海水、湖水、河水、泉水、雨水……等。

火：具有溫暖的能量，為紅色光芒。能讓你產生信心，振奮心情，帶給你力量與光明。例如：太陽光、火光、燈光……等。

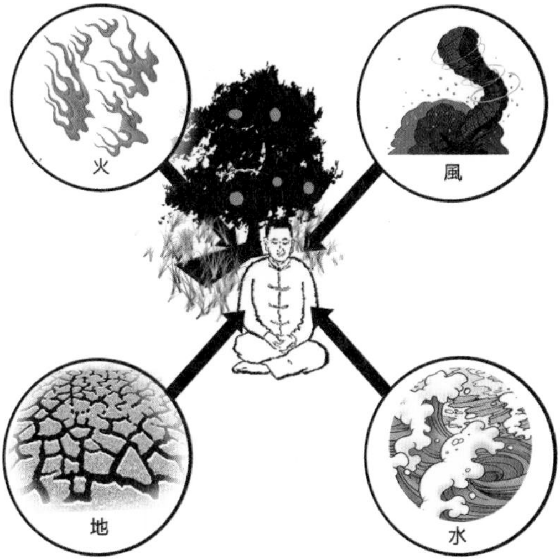

觀想

想像宇宙四大精華，地、風、火、水，進入自己的身體，猶如甘露水一樣淨化身體的每一部位，活化身體的每一個細胞，帶給我們踏實、自在、清靜與溫暖的力量，之後我們的身體、器官、細胞與宇宙四大元素相互感應與融合，我們的生命力恢復了，我們是如此的擁有健康與活力，任何的雜念、意念都不能使你動搖，並且相信自己是可以而且有能力解決任何問題……。

觀想時想像自己是一座穩固的大山屹立不倒。而自己的心也是如此的穩固、不可動搖。不論風吹雨打，自己絲毫都不被任何衝擊所打擊。之後讓頭腦放空，讓自己的心慢慢地、慢慢地靜下來……，進入一般的正常呼吸……。

方法三：釋放情緒小秘方

人都會有情緒與壓力，不管你現在是為事業、朋友還是為愛情煩惱，當我們有壓力與情緒時，必須適時的給予釋放、充電、再回收，才不會最後導致身體能量枯竭，陰陽不協調，長期下來久鬱成疾，產生各種身、心、靈方面的問題。

宇宙四大元素擁有不可思議的神秘力量，當你有情緒時，試試看下列的方法，會有意想不到的效果哦！

讓我們向情緒說拜拜！

釋放情緒小秘方

首先讓我們的眼睛凝視前方某一個點，慢慢深呼吸至充滿胸部為止，之後再用嘴巴慢慢吐氣。如此重複3次再進入下列的觀想。

想像光芒由上而下灑滿全身，與自己的身體融合，將力量帶進體內與問題區域。最後，感受到自己的身體與光融為一體，心完全沉浸在安詳與寧靜當中。

當你內心產生恐懼及不安時（地：黃色光芒）

當你內心感覺恐懼及不安時，想像自己躺在大地上，自己的身體就猶如大地一樣的堅實與平穩，無論風吹雨打都不會倒。之後想像一股黃色的光芒由上而下向自己灑下來，通過自己身體的每一個器官，每一處都像大地一樣的堅實、穩固及健康。之後進入自己的每一處神經，活化了我們的骨骼、肌肉、細胞，我們體內充滿了生命力，像大地一樣生機勃勃。你的內心不再產生不安全感，而能得到一股實實在在的感覺。如果情況允許的話戶外會更好，例如草原、公園、山地、田野等。

黃色光芒可讓自己感覺安全、踏實

當你內心紊亂，無法理出思緒時（水：白色光芒）

當你感到悲傷，內心紊亂無法理出思緒時，想像一股清澈的泉水進入自己的身體、

白色光芒可排除憂傷與紊亂的情緒

每一個器官，排出自己所有的悲傷與紊亂的情緒，從腳心流出。之後有一股白色的光芒由上而下灑向自己，自己的心變得如此的寧靜與和諧，就像清泉一樣的清澈。而自己的悲傷與情緒就像冰一樣溶解了……。如此漸漸的你會感受到心靈的清淨與快樂。

當你感覺自卑、沒有自信時（火：紅色光芒）

當你感覺自卑、沒有信心時，想像火焰就在自己前方，不斷地燃燒、不斷地燃燒，慢慢的擴大，並相信自己有能力控制它。之後想像一股紅色的光芒由上而下灑滿你的全身，進入自己的身體、每一個器官。而自己就像太陽光一樣，光芒四射，受到人人的矚目，自己並擁有一股超強能力可以解決所有的問題，並且相信自己是可以的……。

紅色光芒可振奮情緒，讓自己產生信心

綠色光芒可為自己帶來運氣與希望

當你覺得挫折、凡事不順時（風：綠色光芒）

當你感覺挫折、凡事不順時，想像風帶著幸運之神輕輕向自己飄來，為自己帶來了希望與生命力。之後有一股綠色的光芒由上而下灑滿你的全身，進入自己的身體、每一個器官，進而喚起體內所有的力量。你可透過樹葉的飄動或草被吹動等的觀想，來感受風的力量。自己就像山一樣如此的穩固，絕不被任何事所擊倒，幸運之神已與自己身體融為一體，而自己的生命是如此的充滿了喜悅與希望……。

當你覺得失落、空虛時（空：藍色光芒）

天空具有一望無際、無限延展的浩瀚超級力量，可超越時間、空間擴大我們的視野。當你感覺失落、空虛時，想像自己的心情就像天空一樣的廣大，從此不再執著與固執在某一問題上。而自己的心情就像天空一樣充滿了包容

藍色光芒可排除憂傷、淨化我們的情緒

與寬闊，不再與外界產生隔閡。之後觀想有一股藍色的光芒由上而下灑滿你的全身，進入自己的身體、每一個器官，漸漸的釋放自己所有的情緒，自己不再感到空虛，而是如此的寬鬆與安寧……。

藉由觀想與靜坐可以讓我們身體產生一股不可思議的能量外，還可摒除雜念、啟發我們的智慧，讓我們學會自省，檢討過去、現在，思索我們的未來。所謂知者不惑、智者不疑，斗數有如斯口訣：「以象明理，以星明物，休咎順理，應數成局」。藉一個象來顯示因果，藉一顆星來顯示一個具體的事件，由心靈的沉澱與自省來消弭我們心靈上的恐懼與污垢，進而達到身、心、靈合一的最高境界。

口訣：

斗數是賴「時」以立命，步地支，散十二宮之中立極，應「時間星辰」
斗數是重「數」而立象，取天干，行四化之飛宮化曜，佈「空間垂象」
以象明理，以星明物，休咎順理，應數成局

——紫微斗數

紫微小插曲7：別讓念力變成業力

念力是一種很可怕的東西，它主管著心想事成的魔力。念力是指精神意志力，也就是常存在我們腦裡的「念」頭，會轉化成一種促使它變成事實的「力」量。科學家稱它為「念力」。

業力指的是一種「因果」發生在我們身上的力量，就叫做業力。猶如求學一樣，總有結「業」的一天，代表著整個求學過程的成績單，努力讀書結業就圓滿，不努力讀書，結果還可能被留級或退學。若把業力當作果實，那麼念力就是它的種子。種瓜得瓜、種豆得豆，你心裡常想的事情，無形中會透過行為或語言表現出來，而那個「果」就會出現在我們身上。因此業力可能是好的，也有可能是壞的。

- 有些小孩莫名的肚子痛，追究其原因，原來是害怕上學。
- 有些人一再的失戀，原來是潛意識裡不相信愛情，並覺得本身就不可能擁有好的姻緣。
- 有些女人得了子宮肌瘤或乳腺癌，原來是長期的婚姻不快與壓力所造成。

・有些癌症病患者，相信自己一定能存活，結果奇蹟似的戰勝病魔。

許多研究報告顯示，念力確實會在我們頭腦裡產生電波，指引我們往某個方向前去。如果你的頭腦裡一直有負面的思想，那麼它就會像魔咒一樣，會一直引導你往負面的空間去。現實生活中你想過怎樣的生活，怎樣的色彩，其實都是你自己設計和繪畫出來的。如你覺得你自己凡事都很糟，那麼在頭腦裡就會產生一種失敗的情景，一旦碰到抉擇時便會做出消極的動作，使你擔心的事情會應驗成真。

如果你相信你會成功，那麼在頭腦裡就會產生積極的自我暗示，並引導我們的思想與行為往成功的方向前去，即使碰到困難也能以樂觀、歡樂的態度去面對，也因此能夠讓成功的夢想應驗成真。

聖經有句話：「你若能信，在信的人，凡事都能」，意思是說，只要你相信，對於相信的人，凡事都是可能的。

你相信它有，它就一定會有。~共勉之~

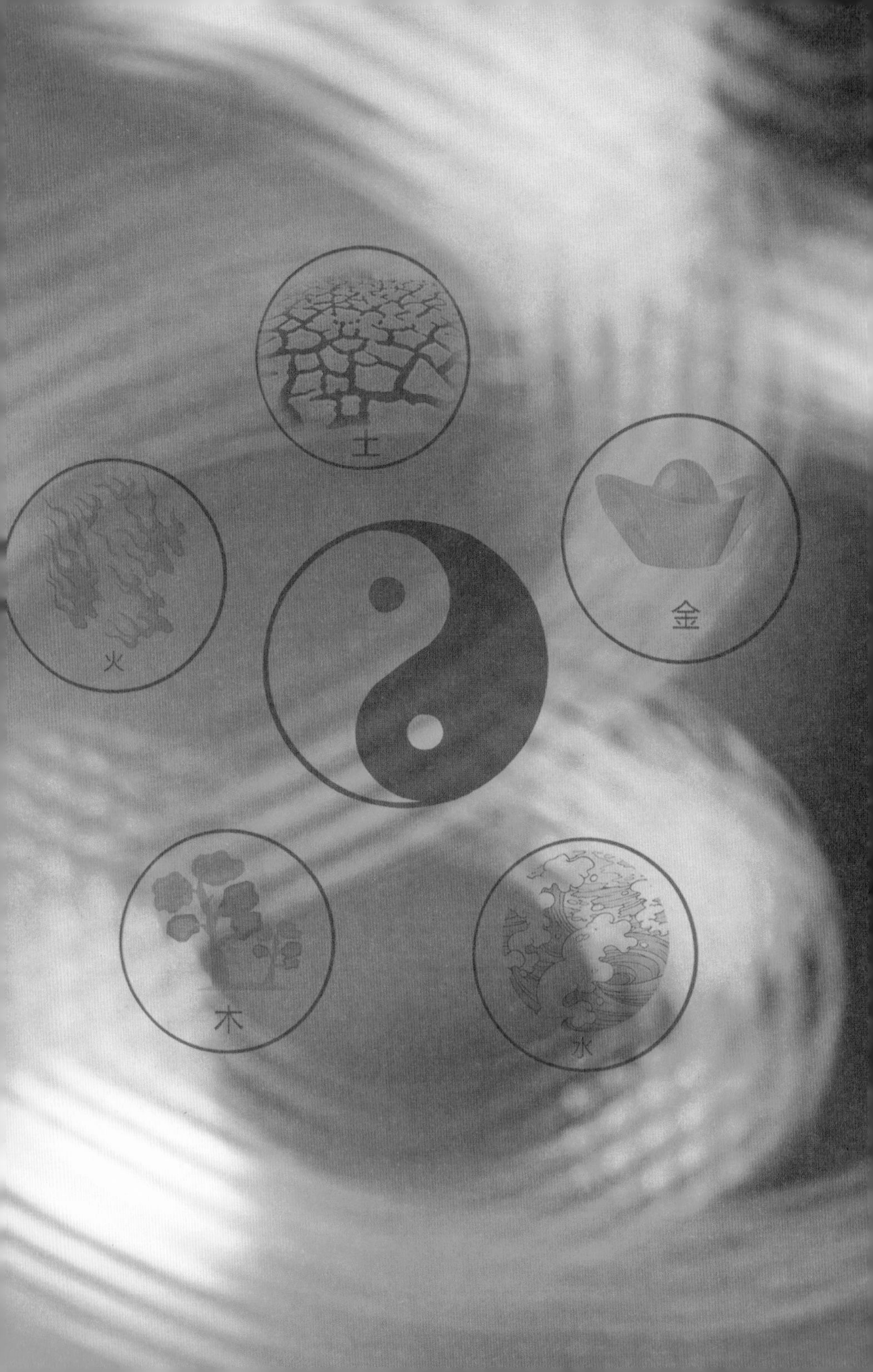
土
火
金
木
水

大家一起學紫微

圖片聯想讓你一看就懂

星系的基本含意

圖片聯想記憶法

面對紫微斗數的繁瑣星系，您的腦海是否會浮現如斯的字句「好複雜、很困難、不好記」等……。

這一切的一切都沒關係，現在就讓我們引用淺顯易懂的圖片聯想記憶法，引導您進入紫微斗數的世界，讓您輕輕鬆鬆的掌握14顆主要星系。

圖片來源與故事的傳說

紫微斗數的基本理念來自於天人合一與陰陽五行的學說。也就是透過對天地萬物、宇宙星辰、自然界陰陽五行的變化規律演變而來。

自然界擁有金、木、水、火、土五種自然元素，每種自然元素各分有陰、陽。

十天干陰陽五行的特性

為容易記憶宇宙間五行陰陽的特性，古代先賢於是用「甲、乙、丙、丁、戊、己、庚、辛、壬、癸」十個符號來表示金、木、水、火、土五種自然元素。

甲：陽木，為十天干之首，具有萬物之始，如種子、草木破土而出之意。陽木為高大的樹木，種子從發芽到成長需經歷灌溉、培植才能成為棟樑，與福禍、因果有關。陽木有不斷成長、向上高升之意，因此被引申為慾望的象徵。在紫微斗數裡代表的星宿為「貪狼星」。

乙：陰木，為矮小、柔弱的樹木，例如小草、蔓藤植物等。這類植物需依靠團隊或攀藤力量才容易向上與生存，因此與合作有關。小草看似脆弱，但生存能力與適應能力極強，能見風轉舵、隨遇而安，也因此被視為智慧與精神的象徵。在紫微斗數裡代表的星宿為「天機星」。

丙：陽火，為強烈而猛烈的火。火具有放射、驅寒保暖的特性，如太陽之火公平的照耀大地，萬物因其能源而生生不息，故為博愛、光明的象徵。在紫微斗數裡代表的星宿為「太陽星」。

丁：陰火，為熱度、亮度都不強之火，猶如燈燭之火般微弱地在黑暗中獨自綻放光芒，敏感易受影響，具有正、邪兩面的特性。也猶如天上的彩虹般，美麗但容易消失。在紫微斗數裡代表的星宿為「廉貞星」。

戊：陽土，地面、農作或高亢之土，可做農作物栽培或開發之用，具有養育、照蔭與奉獻之意。在紫微斗數裡代表的星宿為「天府星、天梁星」。

己：陰土，地下的泥土，潮濕、鬆軟、蘊含豐富的養分，具有吸收、凝聚與珍貴的特質。在紫微斗數

裡代表的星宿為「紫微星」。

庚：陽金，地上的金屬或黃金。如刀斧之類，具有尖銳、殺氣與競爭的特性。在紫微斗數裡代表的星宿為「七殺星」。

辛：陰金，為地下的黃金，具有未琢磨的特性，如璞玉渾金般純美且具有價值。因此被引喻為剛強、坦白、財富的象徵。在紫微斗數裡代表的星宿為「武曲星」。

壬：陽水，流動性可以喝的水、自然界的流水，例如雨水、瀑布、噴泉、江河之水等，水無定形，可因容器而異，具有隨和、樂觀、隨遇而安、逆來順受的特性。在紫微斗數裡代表的星宿為「天同星、天相星」。

癸：①陰水，顧名思義，乃是陰溝的水或不流動的水，如溝渠、沼澤、蓄水池等，乃是多疑、污穢、陰暗的象徵。在紫微斗數裡代表的星宿為「巨門星」。

②癸水，純陰之水，純而至弱，其性弱，其勢靜，似雨露、湖水等平靜而內向，可滋生萬物。在紫微斗數裡代表的星宿為「太陰星」。

③癸水，為壬水的歸宿「海洋」。據說海洋為地下熔岩海洋所形成，含有大量

的雜質。在紫微斗數裡代表的星宿為「破軍星」。

更有趣的是，古人對於紫微斗數星曜的描述，不只限於陰陽五行對大自然的現象，更利用古代神話《封神榜》的人物與星曜相對應，使紫微斗數的星曜變得不再高深枯燥，而是非常人生、有趣的事情。從歷史故事的人物種種因果變化，可以給我們很多人生啟示，而這些事蹟影射到我們生活，也許就是你或我，也許就是我們的朋友。從對故事人物的判斷、分析可以增加我們對生活的觀察力與敏感力。

紫微斗數就是人生，人生就是紫微斗數，只要您對人生有所體悟，命理學不再是神祕、深不可測的學問，而是一件可以不斷自我提升，保護自己的一套策略工具。

現在就讓我們進入有趣的圖片聯想與故事人物分析！

紫微斗數的傳說

讓歷史的巨輪回到三千多年以前的殷朝。當時的殷朝是由在位的紂王統治天下。

紂王在位初期，尚能勤政愛民，也頗具軍事韜略。有一天紂王率領兵馬去打獵，回來途中突下一陣大雨。於是他便跑進附近的廟裡避雨。這所廟裡所祭拜的是九天玄女。紂王驚見廟裡所供奉的九天玄女竟是美麗異常，彷彿仙女下凡，一時制止不了心中的慾火，竟下令說：「把九天玄女帶回宮中，當我的宮女吧！」

九天玄女本是一位慈悲的女神，但是聽到紂王這般的無禮亂言，極為憤怒，覺得紂王不配為一國之君。便誓言要消滅殷朝。她便命令部屬的一個狐狸妖精來，說：「妳變作天下無比的美女去迷惑紂王，把殷朝滅亡吧！」

奉命的狐狸精答應了，就變身為歷史著名的妲己，成功地成為紂王的愛妾……。

一場歷史的浩劫，就這樣開始了……

圖片聯想記憶法：紫微星（皇帝）

紫微：皇帝、權星
特質：尊貴、權威、自負
優點：有王者風範、自信、權威、事業心重
缺點：自大、唯我獨尊、喜領導、不能委曲求全

皇帝，象徵著最高權力與權威。皇帝的樣子看起來非常的尊貴、有威儀，且具有九五至尊高高在上、遙不可及不能冒犯的特質。因此紫微星坐命之人，具有領導人的性格，自尊心強

又愛面子，凡是觸及他自尊心與面子問題的都會令他覺得不悅。紫微因為皇帝星，化氣為「尊」，因此不免會有唯我獨尊、自負的心態，樣樣都不願輸人，想得第一、想用最好的、住豪宅、用高級產品……等。然而就是這股好勝心與面子問題使他產生強烈進取心，能成為各行各業的專業或領導人物。

你瞧皇帝身旁那兩位左右的臣子，你覺得他們是賢臣？還是奸臣呢？筆者想從圖片中你應該已經可以看出一點端倪。若是賢臣，皇帝的江山則可以千秋萬代、源遠流長，並且深受人民愛戴及擁護。反之，如是奸臣呢？身為一國之君的皇帝，需有左右手輔佐方能一統天下。倘若，只有皇帝沒有臣子就會變成孤軍奮鬥，難成大局。然而，喜好奉承阿諛言語是皇帝最大的缺點，因此如何知人善用、判斷是非，並且培養自己的氣度宏量，將是皇帝星坐命的你需要好好學習的最主要課題，唯有這樣，皇帝才不會受奸臣的影響，而敗壞了事業與江山。

紫微星的特質

①代表最高權力與權威。

②代表珍貴的、稀少的、專業之物體或行業。

③代表有尊嚴的、體面的事項。

④有左輔、右弼為權力，否則為孤君。

⑤代表珍貴不實用物品。例如珠寶、古董花瓶、古董手錶等。

有關紫微的傳說

代表人物為周文王「天同」的長子伯邑，是一位學問淵博的翩翩美男子。為人正直、孝順。當其父親周文王被紂王徵召到宮中時，已算到自己會有牢獄之災。便一再交代紫微伯邑好好治理國政，不要到宮中救他。紫微太輕敵，沒聽其勸告，便獨自遠從

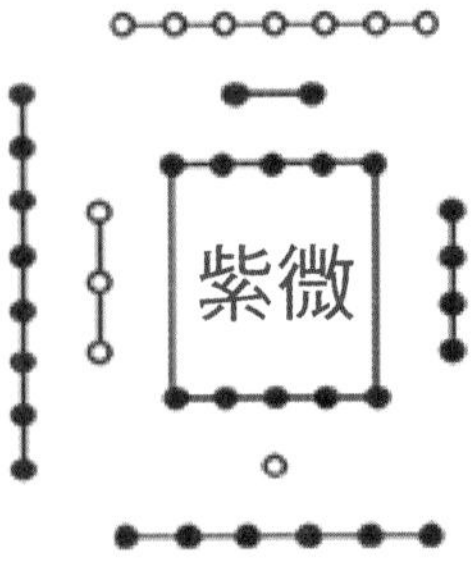

西域攜帶各種珍寶到宮中獻給紂王，希望釋放他父親回去。

妲己「貪狼」一看到氣質高貴的伯邑便被吸引，故藉機親近伯邑，並使出渾身魅力誘惑伯邑。但伯邑都不為所動。妲己惱羞成怒，便誣陷說伯邑要非禮她。紂王不分青紅皂白就將伯邑殺了。且故意做成肉丸子送給囚在牢裡的周文王吃。成為周、商爭霸天下第一位犧牲的人物，死後靈魂被召回天界。由於他居住的神殿外花園裡開滿了紫色的薔薇，因而被受封為「紫微星」，主管「尊貴與氣質」。

故事的聯想與人物分析

- 伯邑是個怎樣性格之人？
- 紫微離開西域前與離開西域後各有什麼遭遇？對其人生有何啟示？
- 紫微遇妲己的結局為何？代表其人生路上容易遇見什麼樣的難題？
- 紫微是個怎樣的皇帝，在命盤上如何判斷得出來？

紫微星的人生啟示

1．紫微星具有主觀與輕敵的缺點

紫微星原則上是一顆孝順的星宿，從歷代皇帝顯示，大部分的皇帝都很尊敬皇太后，把她安養在後宮舒舒服服的。但他卻有驕傲與任性的性格，就是他會徵詢皇太后的意見，卻不喜歡她干預朝政，那會令他情緒很不爽。故事中也可知道，當紫微知道自己的父親被紂王囚禁在宮中，仍不聽父親的勸告，擅自跑去宮中想要解救自己的父親。由此可知紫微雖然孝順，但卻不見得會聽取父母或身邊人的勸告去行事。他具有主觀、信心膨脹與輕敵的缺點。身為紫微星的父母或配偶，瞭解了紫微的性格後，當知如何與帝王心態的紫微相處了嗎？

2．紫微星要有群星拱照，才能成就大局

由故事中得知紫微帝星離開西域前與西域後際遇大不相同。離開西域前因有左右群臣輔佐，能展帝王威風。但一離開西域後，即成孤君，身陷囹圄，最後還被做成肉丸

子。顯示了一個人若要成就大局，絕不能一意孤行、孤軍奮鬥，必須統合助力，才能開疆闢土，成就大事業。

3．紫微遇貪狼，桃花犯主

「犯」是指侵犯之意。意指紫微星一遇到貪狼星，代表其人生旅途上容易遇見感情難題，總是會不自覺的陷入愛與被愛的複雜感情之中。如何拿捏、保持定力，選擇所愛，並不受外界誘惑，在愛情的課題中增長智慧，是紫微、貪狼星之人要努力的功課哦！

周文王因精通易與八卦，在他被徵召到宮中時，早已算到此去短期內將不可能回西域，於是安排諸大臣輔佐伯邑治理國家，因此紫微星坐命之人須吉星例如文昌、文曲、左輔、右弼等星來協助，才能發揮其領導能力及吉利的一面。一旦離開西域，沒有了眾臣輔佐，馬上變成「孤君」，失去了助力，阻礙重重，甚至被小人陷害，變成「肉丸子」哦！

圖片聯想記憶法：天機星（小草）

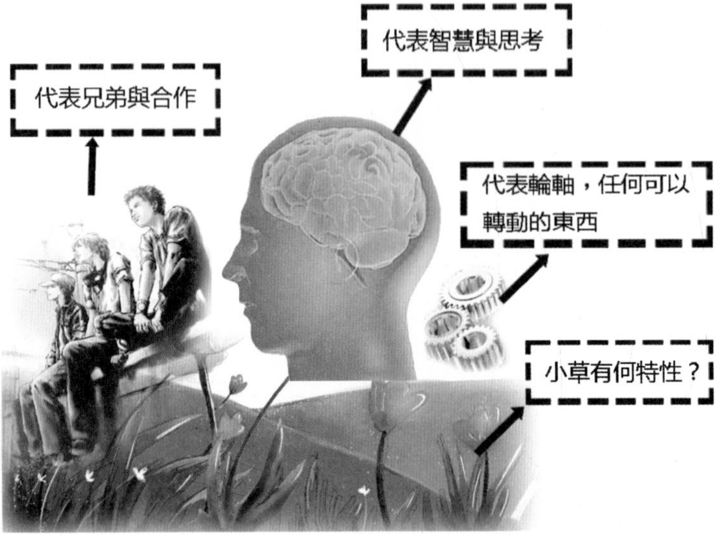
代表智慧與思考
代表兄弟與合作
代表輪軸，任何可以轉動的東西
小草有何特性？

天機：小草、合作星
特質：足智多謀、合作、人群
優點：聰明機靈、喜思考、善解人意、喜歡人群
缺點：精神衰弱、鑽牛角尖、喜幻想、標新立異

天機為乙木，就猶如小草，蔓藤等矮小、適應力強之柔弱植物。凡矮小、柔弱之物，都無法用體力來與人競爭，必須發揮高度的智慧與攀藤的能力才能夠保護自己。所以天機星之人，愛動腦筋不愛肢體勞動，具有一流的智慧與應變能力，很會

見風轉舵，見機行事。小草雖小，但生命力與對生活適應力強，無論把你丟到哪裡，是城市、深山野外、山林草原或是農村之地等都能發揮天機的最高智慧找到生存的方法。

天機因為兄弟主，因此也是一顆主管兄弟有無與關係好壞的星宿。平常喜歡外出與兄弟或朋友聊天、吃吃喝喝。兄弟也代表手足、平輩、兄友或與你合作之人。今天你若想要創一番事業有所作為、功成名就，你就必須發揮左右逢源的高度智慧，處處與自己的兄弟、朋友為「善」，絕對別忘了「人脈就是錢脈」哦！

天機因其正位在丑未，丑未乃天地的地軸線，為不停轉動的輪軸。因此天機之性帶有多變、不定的現象，也與機械、任何會轉動的物體有關。

天機星的特質

①代表智慧、思考、用腦之人。
②代表手足、平輩、兄友或合夥人。
③代表機械、車子、零件、會動的物體。
④代表大自然加工品、手工製品。例如籐椅、草木花卉、紡織等。

有關天機的傳說

代表人物為姜子牙。早年姜子牙向元始天尊學習仙道，獲得甚多的智慧與智謀。但姜子牙到六、七十歲都一直過著懷才不遇的生活。他有一元配馬千金，為人勢利而現實，眼光短淺。眼看老公一事無成，又無家產，便一天到晚在家發牢騷，罵姜子牙。姜子牙為求耳根清靜，便到渭水河畔釣魚。他釣魚離水三寸，人們好奇問他，他便說：「吾釣魚願者上鉤。」這個釣魚怪人的風聲傳到周文王耳中，便親自率領文武百官到渭水河畔向姜子牙請教治國大事。哪知一聽，深得周文王心，便邀請姜子牙赴西域，拜為軍師，籌劃滅商的軍事大計。此時姜子牙已經八十歲了。他在文王過世後，輔佐武王打敗紂王，完成封神榜的重任。死後靈魂被召回天界。由於姜子牙擅長謀略與機智，因此受封為「天機星」，主管「智慧與精神」。

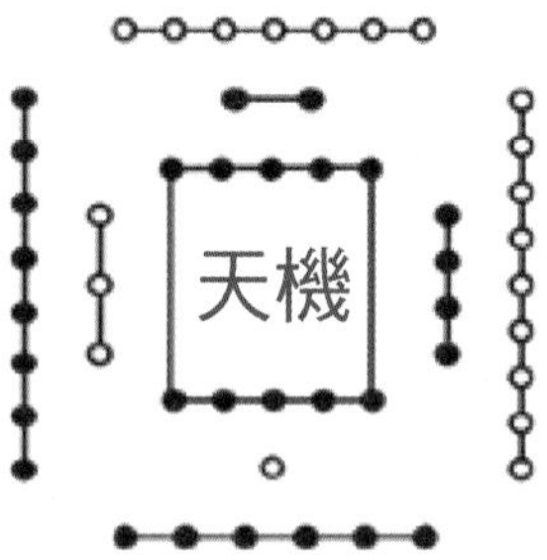

故事的聯想與人物分析

- 姜子牙的事業運為何?他是早發之人嗎?

・他一生中最大的阻力與致命傷在哪裡？你會有何建議？

・姜子牙若沒遇到周文王，他可以成功嗎？

・「姜太公釣魚，願者上鉤」給我們怎麼樣的暗示與啟發？

天機星的人生啟示

1．天機星為晚發之人

由故事中可知，天機星早期向元始天尊學習仙道，雖擁有智慧與謀略，但也需等時機成熟、善緣的到來才能展現才華。意味著，天機星之人年輕時不要太急功近利，應虛心多學習，培養各種智慧與技能，等到時機成熟時，自會受到矚目，事業一帆風順。

2．天機星宜「先立業後成家」

由故事中得知，天機星在遇周文王之前已經成婚，但婚後由於懷才不遇，事業不順，而使夫妻間多齟齬，導致離婚的結局。暗示著天機星之人不宜早婚，特別是與巨門星同宮時。應多學習，等事業稍有成就時再結婚較能減低婚姻的波折。

3．天機星須遇伯樂，才能成千里馬

由故事中得知，天機星雖擁有過人的智慧與謀略，但也需等到遇見周文王後才能一展身手，展現才華。意味著天機星之人是要「因人而貴」，平時除了多學習培養自己的實力以外，還要多廣結善緣，處處與人為善，伯樂才容易出現。

4．天機星有遠謀、運籌帷幄的機智

「姜太公釣魚，願者上鉤」，說明了天機星之人有遠謀、運籌帷幄的機智。凡事不用急於一時，他等待的是更高目標的出現。他曾向路過好奇的人們說：「吾如此垂釣，志不在魚，只待有朝一日青雲路開，飛黃騰達罷了。」接著又說：「寧向直中取，不向曲中求，不為錦鱗設，只釣王與侯。」太妙了，我們應該好好向姜子牙的精神學習，不在自己失意或不得志時，委曲求全，尋求旁門左道，而使自己的理想與目標遲遲不能實現。只要肯忍辱、耐心的等待，人生的磨練就是成功的前奏。

天機星因為一國軍師，擅長分析、策劃與謀略。因此此星坐命之人，腦筋聰明，足智多謀，點子多，分析能力強，非常適合擔任幕僚人才。如理論家、發明家、設計家、策劃家、軟體設計等需要不停變換內容的創意行業。

圖片聯想記憶法：太陽星（太陽）

太陽：男人、外交、光明星
特質：熱情、光明、坦率
優點：熱情、坦率、活力十足、力求表現
缺點：喜表現、心浮氣躁、易遭人妒

太陽高掛空中，散發光和熱，對陽光下之萬物一視同仁，萬物因之而生。因此太陽星之人個性豪爽、熱情、博愛，具有公正與濟弱扶傾的服務熱忱，並且喜歡以身作則。猶如太陽在天上跑，人們在地上跟。他喜歡在團體中帶頭跑的領袖作風，並享受被萬人萬物推崇或拱上去的感覺。因此，太陽化氣為「貴」，是一顆重視社會地位、名譽多過於利益之人。

太陽「日出而作、日落而息」日夜不停地轉動，因此太陽星之人是一個閒不下來的人，喜歡忙碌，接觸人群。非常適合社團、公益服務、民代、熱門的、與民眾接觸的行業。

太陽星並非指天上真正的太陽，而是為「至陽之物，宇宙間的陽極」。例如明亮與黑暗的對比。代表光明、積極面、顯性、電池的正電、動物的雄性、人類的男性，包括男性自身、女性的丈夫、父親、兒子等與你切身有關之男人。

太陽星的特質

①代表光明、競爭、熱門與大眾有關之事物。
②代表不停轉動的物體或行業。
③代表陽性，例如男人、父親或兒子。
④與名譽有關的事情。
⑤代表發光發熱的物體。例如電燈、手電筒、發電器等。

有關太陽的傳說

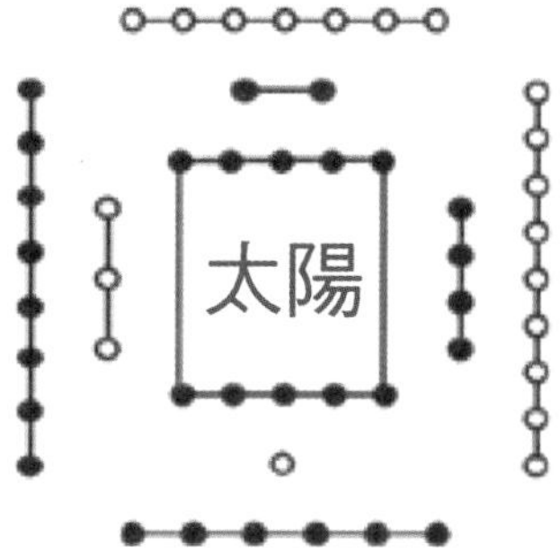

代表人物為比干，紂王的忠臣。20歲就受封為太師，輔佐帝乙，後擔任相國一職，受託孤輔佐紂王。為人忠心耿耿、公正無私。後來妲己出現，紂王就變得暴虐無道，不顧政事，整天追逐酒色，不恤民生。相對地，比干的忠心規諫，就顯得格外刺耳。有一天妲己騙說得了心痛症，要比干的心才能治好。比干雖知有詐，但為表現自己的忠誠，便取出自己的心為妲己治病。死後靈魂被召回天界。

由於比干忠貞愛國、心地光明、博愛與慈悲，猶如太陽的光芒照射大地，因而受封為「太陽星」，主管「光明與博愛」。

故事的聯想與人物分析

- 比干是怎樣性格的人？
- 在紛亂的環境中，他會以何種態度來應對？

・你欣賞他「掏心」以示忠誠的態度嗎？

・如果有人要你「掏心」表態以示忠誠，你會做嗎？

太陽星的人生啟示

1．太陽星是天地間最公正的時間轉換器

太陽星是天地間最公正的時間轉換器，無論你是高官貴族或是凡夫俗子，都可以公平的感受到太陽的光與熱。因此太陽星之人具有公正、熱心公益、人人為我、我為人人的博愛精神。

2．太陽星主權貴、官祿之星，易受小人嫉妒與陷害

由故事中可以知道比干20多歲就能以太師高位輔佐帝乙，後又託孤輔佐紂王。可見得太陽星之人在很年輕時就可以受到矚目，成為學校、社團裡備受矚目或重視的佼佼者。唯光芒四射的同時，容易遭人嫉妒與陷害，在「時不我與」時，記得要懂得收斂，才不至於要「掏心、掏肺」讓黑道得逞，那就不值得了。

太陽星擁有光明、博愛的精神。即使處於亂世，仍能堅持自己的定見，不隨波逐流。對反對者如妲己仍能寬宏大量。因此其性格非常適合處理多角化的爭執或複雜的環境之中，如民意代表、政治公眾路線等。但要注意有「愚忠」的缺點，免得「掏了心」給人，又遭人埋怨就得不償失了。

太陽一遇妲己，就六神無主茫然無「心」，不知自我。

因此要慎處桃花問題，免得被誤會為一「博愛」「花心」的大眾情人哦！

圖片聯想記憶法：武曲星（挖金的人）

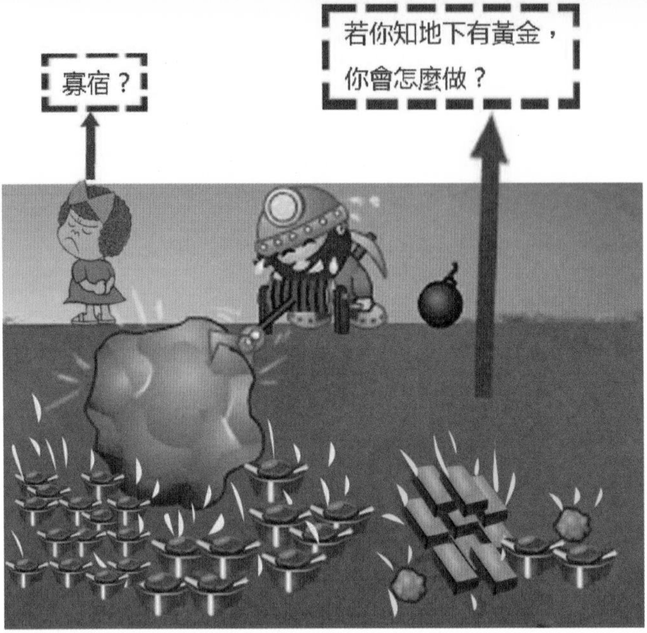

武曲：財星、挖金的人
特質：踏實、勤奮、剛毅果決
優點：腳踏實地、不畏艱苦、一步一腳印努力耕耘
缺點：倔強固執、挑剔、處事不夠圓融

武曲是地下的黃金。若你知地下有黃金，你會怎麼做呢？會努力想去挖掘對不對？但挖掘黃金的過程是非常艱辛苦澀的，需要擁有堅強的意志力才能夠克服這重重的困苦艱難。因此，武曲

化氣為「財」，主管「財富與武勇」。能文能武，是一顆有財緣，喜歡掌管財政，並且擁有錢財概念之星宿。武曲星之人勇敢、踏實、不畏懼千辛萬苦是它最大的優點。一旦鎖定目標，就會勇往直前，而且會靠著自己的努力，達成自己想要的目標。

武曲是地下的黃金，具有未琢磨的特性，早期歷經艱辛是必經的宿命。又，金屬是「冰冷的」、「堅硬的」、「有稜有角」的東西。因此，武曲星之人性格剛直方正、不懂拐彎抹角、喜怒形於色，對人際關係與感情是一種無形的傷害。因此賦文有「寡宿」之稱。如何圓融，讓自己變得幽默、風趣，改善人際關係是武曲星之人需要極力克服與努力的課題哦！

武曲星的特質

① 代表財帛、現金、任何有形物質。
② 挖金的人，代表正財。需要努力與付出之財源。
③ 寡宿星，具有孤獨與刑傷的特性。
④ 代表金屬、黃金、有稜有角事物。

有關武曲的傳說

代表人物為周文王次子姬發。姬發早年只是擔任輔佐的角色而已，直到大哥伯邑（紫微）被紂王所殺，父親周文王被釋放回來後，才漸漸嶄露頭角，表現軍政才華。

在武王伐紂期間，得軍師姜子牙的輔助、運籌帷幄，一面統合各種資源興兵伐紂，一面則提倡農耕，施行德政，使人民安居樂業、國泰民安、經濟日漸強盛。經過數年征戰，終於滅了商紂，建立周朝，登基成為周朝第一君王：武王。死後靈魂被召回天界。因其在位期間驍勇善戰、能文能武，並使國家經濟壯大。因而受封為「武曲星」，主管「財富與武勇」。

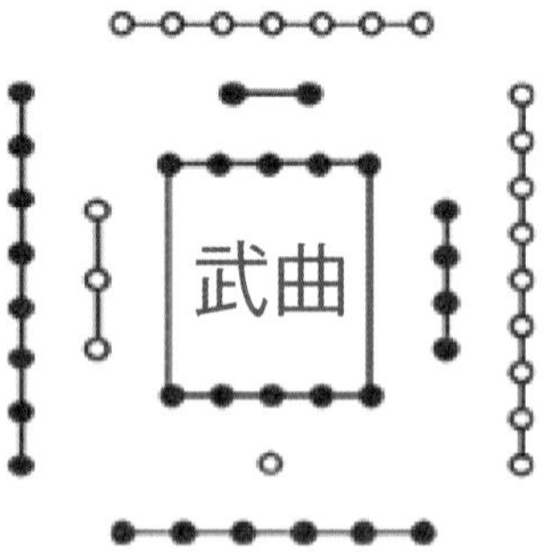

故事的聯想與人物分析

・何謂「財富」與「武勇」？它令你聯想到什麼？

• 武曲星如何使國家壯大？強化經濟？他的理念是什麼？

• 他成功的過程，帶給我們怎樣的人生啟示？

武曲星的人生啟示

1．武曲星有「次代長」的能量

由故事中可以知道，武曲星是在大哥紫微伯邑身亡後，才被賦予重任，嶄露頭角，因此武曲星之人有晚發的性質。其雖為老二，卻有老大的氣勢，有「次代長」的能量。在現實生活中，常常不願屈居老二，有爭出頭天、向上挑戰的意味，不愛被指揮，氣勢常常勝過大哥、上司、主任，是一顆驍勇善戰、不畏艱辛、能文能武的強星，但卻不易與上司相處的星宿。

2．武曲星需有強力幕僚，才容易成就偉業

由故事中得知，武曲星雖為君王，但若沒有軍師姜子牙的輔助，就不容易成就大業。說明了武曲星之人需知人善用，光靠武勇是沒有用的，還需有軍師或強力幕僚的輔助，才容易成就大業。

武曲星早年只是擔任輔佐的角色，直至伯邑死後才得以嶄露頭角。表示此星坐命之人，具有先苦後甜、晚發的性質。

又，其雖繼承祖業，但卻能聽從賢人、運籌帷幄、統合資源，終伐紂成功完成祖先留下來的遺願。代表此星坐命之人，踏實、耐勞、剛強果決，既能守住祖業，又能開疆闢土、振衰而中興之人。

又，因數年征戰，婚姻不免也耽誤了。故武曲星之人也常因事業而耽誤了婚姻佳期，在感情路上則顯得有「孤獨」之象，因此又有「寡宿星」之稱！

圖片聯想記憶法：天同星（小孩）

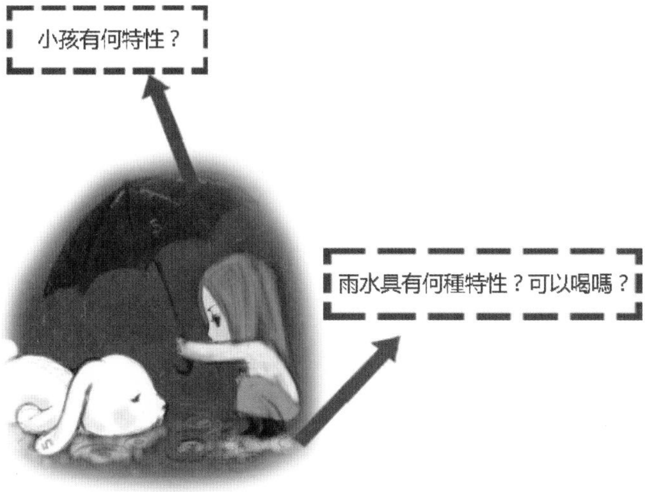

天同：小孩、福星
特質：純真、知足常樂
優點：純真、平易近人、令人感到舒服，沒有威脅感
缺點：情緒、堅持力不夠、躲避壓力、過度遷就

天同為小孩星，具有童心未泯的特性。樂觀、開朗、富有活力、不耍心機、人見人愛，讓人有種回歸大自然很舒服的感覺。因此化氣為「福」，主管「溫順與融合」。天同星坐命之人不愛與人正面衝突，凡事不會放在心上，總是一笑置之，喜歡與大家融

合，天下大同，樂天知命，是所有星系裡最有人緣的一顆星宿。

小孩星代表新生命、有活力，雖樂天知命，但卻有小脾氣、鬧情緒。因此在紫微斗數裡代表情緒、融合與健康。與美容美體、保健有關。

哇！天同小孩星看起來似乎有滿多的優點，但唯一就是不能做粗工。太辛苦、壓力、靠體力的工作小孩是做不來的，因此天同星也有著喜歡逃避現實壓力、情緒化的缺點。如要他像挖金人一樣那麼刻苦耐勞，為了地下的一塊黃金可以挖到雙手流血。這種事情他可是絕對的不願意，他寧願去睡一大覺，他認為這會比較好過。雖說如此，但有時能回到小孩子的童真有多好，無憂無慮，凡事不會記在心頭上，回歸大自然，活在真實的自我當中，這樣「福氣」，就會離我們不遠了。

天同星的特質

①代表情緒、融合與健康。
②代表新生命，例如創新、創作、文學。
③小孩星，與兒童、幼教、遊山玩水有關。
④代表新奇、好玩事物，例如玩具等。

有關天同的傳說

代表人物為紫微的父親周文王。原是商朝西域最大部落的首領，由於其所統治的西域治理有方，經濟繁榮，甚得當地人民的愛戴。紂王早就將他視為眼中釘，便藉機將他調回宮中，想把他關起來。周文王因精通易與八卦，早就算到自己會有七年牢獄之災。便交代長子伯邑好好治理國事，千萬不要去宮中找他。在囚禁期間，閒來沒事，便玩起八卦，將八卦演繹為六十四卦，即是現在所謂的「文王聖卦」。但在七年後，長子伯邑沒聽其勸告前來宮中進貢，慘被妲己陷害做成肉丸子送給周文王吃。

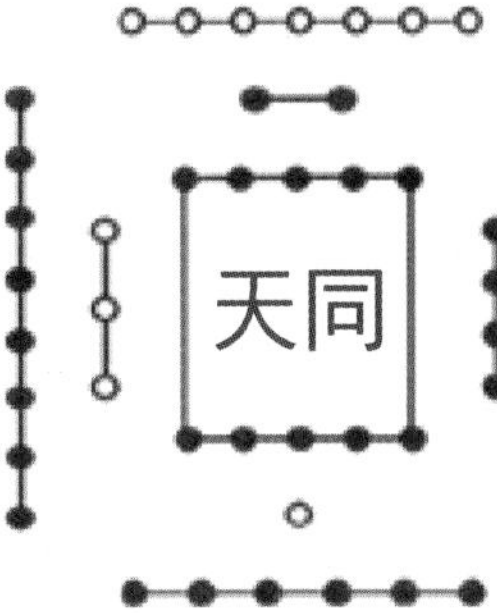

周文王為顧全大局，唯有忍痛吃下它。紂王聽後心想：「人說周文王料事如神，也不過如此」便釋放了他。回到西域後的周文王廣納賢才，又得姜子牙之助，便拉開了推翻暴虐商紂的序幕了。由周文王的種種事蹟，死後靈魂被召回天界，由於周文王有天下大同、委曲求全的特性，因而受封為「天同星」，主管「溫順與融合」。

故事的聯想與人物分析

- 周文王是個什麼樣性格的人？
- 他有何專長？
- 他遇事的處理態度為何？
- 天同星能「遇難呈祥」，排解「危機」的秘訣是什麼？

天同星的人生啟示

1．天同星具有五術星的性質

相傳在上古時代，伏羲氏創造了「先天八卦」，而周文王在囚禁期間，利用身邊的數條蓍草，反覆推演、仰觀天象、俯察地理之後，演繹成六十四卦和三百八十四爻，這便是歷史上著名的「文王拘而演周易」的由來。人稱《周易》，是為「後天八卦」。因此天同星具有五術星的性質，喜歡占星術、風水、地理、天文學之類的東西，並擁有異於常人的天賦，可在五術界裡擁有不錯的成就。

2．天同星具有以柔克剛、以不變應萬變的機智

故事中，周文王在得知送來的肉丸子為自己兒子的肉時，並沒有面露慌張，為了顧全大局，反而很鎮定的吃完肉丸子，而使自己逃過一劫，奠定了日後伐紂的豐功偉業。在現實生活中我們是否也該如此呢？面對衝突、危難甚至凶神惡煞時，千萬要使自己保持鎮定，不要用蠻力對抗、逞一時之氣，「留得青山在不怕沒柴燒」。天同星即具有「以柔克剛」的耐力，以不變應萬變，偶爾要裝點傻，大智若愚才能避開、化解衝突，使人生更圓融、更高的理想與目標才得以實現。

天同坐命，因是文王象徵，故與卜卦、易經、五術有關。

文王為顧全大局，忍痛吃下自己心愛兒子的肉，因此天同坐命之人，具有委曲求全的特質。

文王能廣納賢才，接受諫言，因此也具有很好的人事協調及知人善用的好特性哦！

圖片聯想記憶法：廉貞星（彩虹）

廉貞：彩虹、囚星
特質：系統、組織、追求完美
優點：行事有系統、喜有規律性事物、有主見、思想新穎
缺點：自我原則太強、不易令人走進內心世界、完美主義

彩虹雖然漂亮美麗，但卻是一剎那的，總令人有種摸不透和遙不可及的感覺。因此，廉貞也為一顆桃花星，容易吸引異性的眼光，但卻會令

人產生一種難以接近的距離感。彩虹是一種至美之物，對美有一種極高的鑑賞力。彩虹雖美，卻不永恆，因此廉貞星之人也很懂得把握當下時機，不論是對人或是對事，不在乎天長地久，總之抓住這一瞬間美麗時刻就對了，一切等消失後再做打算。

彩虹的特質

① 代表美麗的、温温的、有顏色的東西。例如：美學、藝術、霓虹燈、電腦等。

② 代表系統：例如：行政系統、神經系統、血液系統等。

③ 代表桃花、人緣。

囚星廉貞化氣為「囚」，「囚」字，具有限制與範圍之意。表示可以在某一個領域或區域裡發揮專長、擁有一定權威與專業之人。由於它所佔領的區域有一定的範圍限制，因此此星會有兩個現象。一是不甘心被囚禁，時時刻刻想突破「囚」性，擴大自己的勢力範圍。二是反過來也害怕自己的勢力範圍被他人侵佔。因此，廉貞星之人心思非常細密，警覺性特別強，在性格上是清高和高傲的，不容易走進他們的內心世界。要與他們相處必須是得到他的認同或是對他有價值的對象。

「囚」字也與法律有關，是捍衛法律的司法官?還是以身試法、鑽法律漏洞的囚犯?「囚人」或「被囚」僅在一線之間。

囚星的特質

①囚星：有限制之意。表示可以成為某一個領域裡或專業裡的達人。
②囚星：與司法、法律、官員、政府機構有關。
③得勢時可「囚」人，失勢時反被人「囚」。
④代表神祕、珍貴的東西或建築物。

有關廉貞的傳說

廉貞

代表人物為費仲，為紂王身邊的佞臣，個性偏激、心思詭異、行為模式總是偏離正道。與妲己理念相近，時常獻上餿主意，引誘紂王墮落、享受、追逐酒色。並不顧宮廷禮法，常以自我標準來顛覆法紀、搬弄是非、陷害忠臣。有一次，朝庭開會時，黃飛虎（七殺）得罪他，懷恨在心，便趁其領兵作戰時，獻計設宴誘使紂王非禮黃飛虎之妻（太陰），而發生摘星樓墜樓自殺事件。

自此黃飛虎和費仲成了仇人。殷商滅亡後，被姜子牙所捕，姜子牙非常厭惡這種「助紂為虐」之人，於是下令斬首費仲。死後靈魂被召回天界。由於費仲心術不正，行為模式總是偏離正道，故受封為「廉貞星」，主管「歪曲與邪惡」。用以警惕世人，為人處事不可歪曲、邪惡，要廉潔、忠貞。

故事的聯想與人物分析

- 廉貞與妲己（貪狼）的結合使你聯想到什麼？
- 廉貞與紂王（破軍）的結合使你聯想到什麼？
- 廉貞與黃飛虎（七殺）的關係為何？他們能成為好朋友或夫妻嗎？
- 廉貞的人際關係如何？他會以何種標準來選擇朋友？
- 廉貞善鑽「法律漏洞」，你覺得他適合什麼樣的工作？

廉貞星的人生啟示

1．廉貞星有自我、自設框框的缺點

廉貞星好的時候是非常正派的，凡事愛跟隨法紀、禮節來走。但當一邪惡起來，他也很懂得顛覆法紀，尋找法律漏洞，來穩定自己的勢力。因此性格總是在正正邪邪裡徘徊，令人難以捉摸。廉貞化氣為「囚」，有自我設限的缺點，凡事好惡太顯明，雖有自我風格，但易曲高和寡。

2．廉貞貪狼，同流合污？

這句話說得其實有點嚴重，應該說，廉貞星與貪狼星可以擁有相同的人生觀與理念，在一起時總有很多的鬼點子，所以可一拍即合，成為好搭檔。好、壞因人因事標準而定，也許是豬朋狗友、也許是事業的好拍檔。宇宙、人生所有的結緣都是相吸定律，你希望過怎樣的生活？能否擁有好的人生伴侶？那你就必須先把自己變成怎樣的人。

廉貞星是一顆多變化的星曜，性格也有正邪兩面的表現，讓人難以捉摸。因懂得討好領導者，能言善道、挑戰法紀，善於鑽「法律漏洞」與「搬弄是非」，故非常適合在正正邪邪、複雜的政界發展或公關工作，能發揮其「潛藏應變」與「公關外交」的能力。又因其喜以自我標準來要求別人、好惡顯明、不易接受與自己不同理念的人或事，容易豎立敵人，觸犯法紀，引來「是非」或「官非」的問題哦！

圖片聯想記憶法：天府星（祿庫）

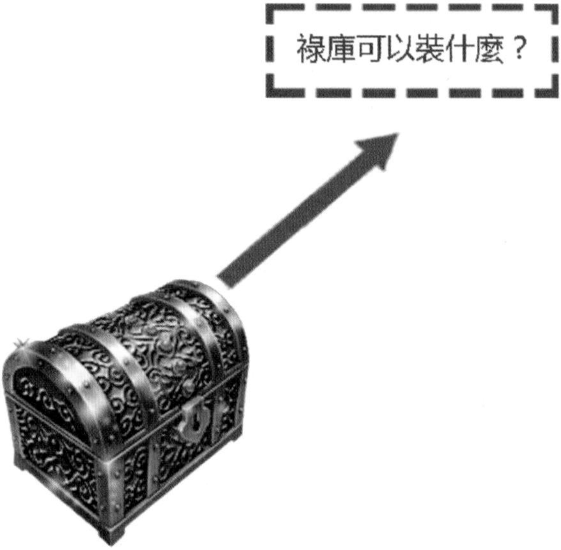

天府：祿庫主
特質：自負、圓融、不喜變動
優點：謹慎、安分守己、有儲蓄概念、家庭觀念重
缺點：過度精明、墨守成規、害怕改變、愛面子

天府為祿庫。祿庫能裝什麼呢？

你一定會說：「當然是裝錢啊！」那除了錢之外還能裝什麼呢？如果天府旁邊有文昌、文曲讀書星的話，可能可以裝書啊！如果天府旁邊有廉貞彩虹星的話，可能可以裝電腦。如果與紫微同宮呢？不得了

了，可能還可以藏著皇帝的玉璽，掌大權呢！那如果與擎羊同宮呢？嘿，那有可能笑裡藏刀哦！那與武曲同宮呢？那當然是名副其實的「有財有庫」了。

「祿」是指財，「庫」是指可儲存東西的容器或空間。

因此祿庫的意思，是表示一個可放錢的容器或空間，它不表示現金或你有金銀珠寶。那這個祿庫有沒有可能是空的呢？……絕對有可能哦！

天府化氣為「賢」，俗語說「宰相肚裡能撐船」。天府星必須心胸寬闊、慈愛、圓融與賢能，才能發揮帝后的領導統御才華，累積財富，食祿千鍾。

圓圓的天府有財有庫，穩重又賢能。瘦瘦的天府，打腫臉充胖子，小氣又吝嗇。

天府星的特質

①祿庫，代表儲蓄力與財庫的豐厚。

②祿庫，引申為空地、空曠的住宅、寬大建築物等。

③代表珍貴厚實可儲存的容器。例如珠寶盒、保險箱等。

有關天府的傳說

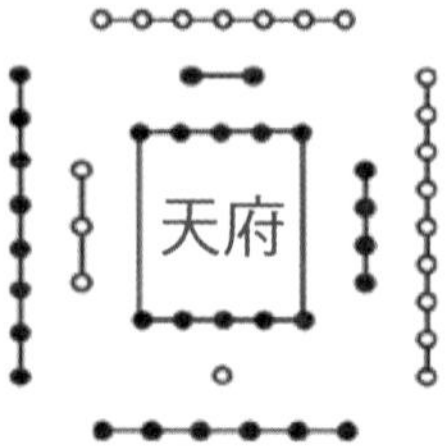

代表人物為紂王的夫人姜皇后。出生在土地肥沃、物產豐富的「天府之國」四川。姜皇后是一位賢慧的婦人，具有領導才能，統領後宮井井有條，讓紂王能專心治好國家。但自從妲己入宮後，便被打入冷宮，失去紂王的寵愛。姜皇后本性端莊保守、自負且自尊心相當強之人，她不願與妲己同流合污，以狐媚之術挽回紂王的心。終於抑鬱寡歡，最後還受了妲己嫉妒而遭殺害。死後靈魂被召回天界。

由於姜皇后出生在富饒的「天府之國」四川，且溫良賢德、知書達理，因而受封為「天府星」，主管「才能與慈悲」。

故事的聯想與人物分析

- 姜皇后的出生背景如何？
- 姜皇后是怎樣的一個女人？她會如何對待她的婚姻關係？
- 天府之人通常會遇見怎樣的伴侶？她應如何應對？

・天府如此賢慧最後還是敗給貪狼，她輸在哪裡?你有何建議?

天府星的人生啟示

天府星在感情對待上稍嫌一板一眼

天府星之人雖然賢淑、端莊保守，把家庭照顧得井井有條，但在感情的對待上稍嫌一板一眼。從紫微斗數基本十二命盤上可知，天府星的夫妻宮永遠是破軍星，即暗示著，天府星之人今天若要維持婚姻美滿，要像破軍的變動性一樣，適時給自己注入新的活力與元素，在婚姻中培養多點情趣，另一半才不會給貪狼偷走哦!

姜皇后因出生於物產豐富的「天府之國」，因此此星坐命之人，大多能誕生於環境不錯的中、上家庭，或得到父因錢財資助或繼承的福氣。故又為「財庫」的代表。姜皇后母儀天下，又能謹守崗位，做好本分。女命則為「旺夫益子」、「賢妻良母」的好榜樣哦!但天府的老公為紂王的代表，因此應適當改變自己培養生活情趣，參加社交，製造浪漫感覺，才能抓住丈夫的心，免得被妲己偷走哦!

圖片聯想記憶法：太陰星（女人）

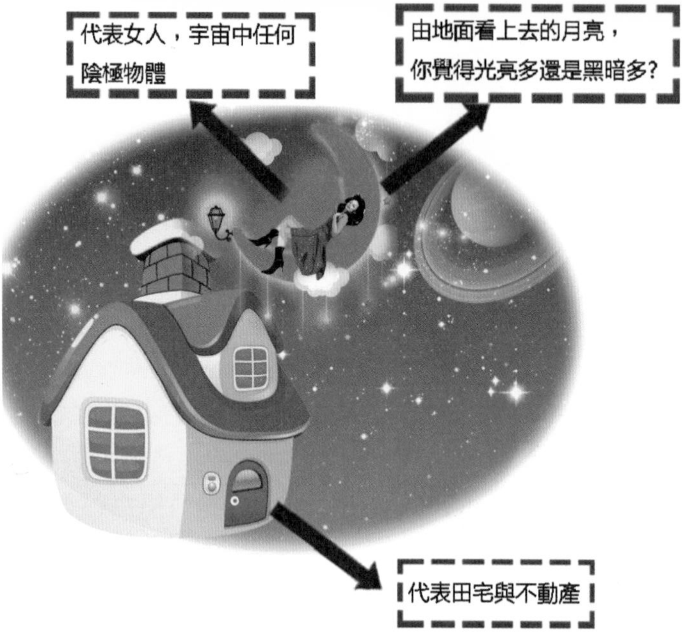
代表女人，宇宙中任何陰極物體
由地面看上去的月亮，你覺得光亮多還是黑暗多？
代表田宅與不動產

太陰：女人、田宅主
特質：溫柔、細心、愛家
優點：溫柔、重感情、心思細膩、愛家、戀家
缺點：多愁善感、優柔寡斷、易受感情或情緒影響

太陰為宇宙「極陰」之物，與太陽相對照，為陰暗、潮濕、隱祕、被動，靜態、消極等。在人則引申為女人。你心目中的女人應該是如何的呢？溫柔體貼、嬌柔內向、可愛甜

美……，你說的完全都正確。太陰星之人，個性溫柔婉約、嬌柔內向、細心，但稍嫌消極與被動。古代女人都是在家相夫教子，以家庭、丈夫為重，因此太陰星是一顆較注重婚姻與感情之星。也因為如此容易為愛所傷，感情世界的好壞常常影響太陰星之人心情的起起伏伏。

太陰化氣為「富」，主司「田宅主」。太陰星之人通常都愛家、戀家，會為家裡的開支做計畫，打點家裡的一切，把家裡顧到好好的。因此有積少成多、累積成富的特質。擁有好的家庭與歸宿是太陰星之人最大的願望，成家立業，有錢就會為家人或自己買房子置產，有因田宅致富的機緣，適合不動產、地產、房屋仲介等相關職業。

太陰為宇宙極陰之物，與太陽相對照，為夜晚的月亮。你看月亮是多麼的美啊！但，你由地面看上去的月亮，你覺得黑暗多還是光明多呢？外表看上去的月亮是光輝無比，格外明亮，其實裡面還藏有憂鬱的一面。女人看起來溫柔、委婉，其實是充滿感性、多愁善感的。若能發揮溫柔的特質，去除不穩定、多愁善感的憂鬱面，我想女人，妳會活的更自在、更堅強。

太陰星的特質

①代表陰暗、隱祕、靜態之相關事項。
②代表女性自身、男命太太及母親等。
③代表不動產多寡、置產能力、屋宅風水好壞等。
④代表柔性、感性帶點神祕的東西。例如占星術、靈學、心理學等。

有關太陰的傳說

代表人物為黃飛虎之妻賈夫人。長的非常清秀美麗且溫柔。對文學、藝術有特別的愛好。是當時唯一能和妲己相比的美女。奸臣費仲為報復黃飛虎，獻計設宴邀請眾大臣夫人於摘星樓，果然紂王一見賈夫人國色天香，宴席完畢就單獨留下賈夫人意圖非禮。哪知賈夫人為貞烈女子，為保貞節，便由摘星樓一躍墜樓身亡。死後靈魂被召回天界。

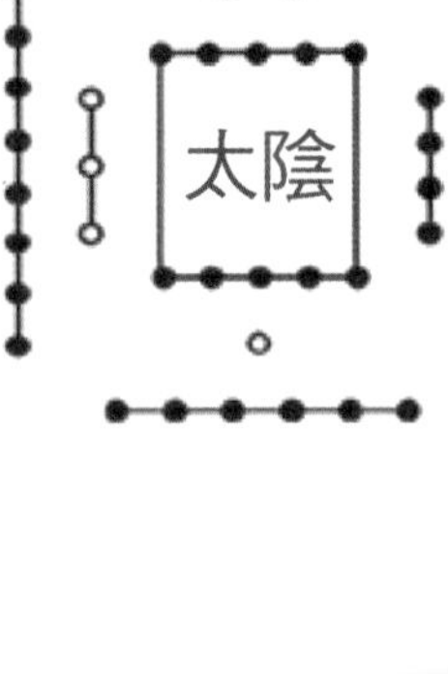

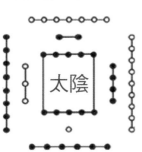

由於賈夫人外表潔淨清秀，具有一般女子陰柔的特質，可以在家裡守候著丈夫，心地光明皎潔，猶如天上的月亮一般。於是受封為「太陰星」，主管「清潔與住宅」。

故事的聯想與人物分析

- 太陰的座右銘是「陰柔」，「陰柔」使你聯想到什麼呢？
- 女性命坐太陰相當具有女性氣質，那麼男性命坐太陰會有何種特質？
- 太陰的美與貪狼的美有何不同？
- 賈夫人身為軍人的妻子，丈夫常因任務而不在身邊，若妳身為軍人的妻子，妳會有何情緒反應？及該如何自處？才會使妳生活更美滿？

太陰星的人生啟示

太陰星具有光明與憂鬱的兩面性

太陰星就猶如天上的月亮一樣皎潔無比，但皎潔的背後卻是黑暗一片。就猶如故事的賈夫人一樣，丈夫常因任務而不在身邊，心中不知不覺會有憂鬱情緒或寂寞的感覺。

而這需要有相當的毅力或堅定的情操，才不會迷失自我。因此太陰星之人外表雖然溫文，看似光明，心中其實沒有安全感，渴望有愛情、有個家的感覺，比賺多少錢還要實際。

太陰外表清秀且溫柔，相當具有女性魅力，是許多異性追求的夢中情人。又因其生性浪漫、感情豐富，一旦喜歡一個人將會非常投入。因此其情緒易受感情所左右，在面臨挫折時，常有自我情緒壓抑及逃避現實的缺點存在。若能化悲憤為力量，將此情緒轉投在文學或藝術創作等嗜好中，則日積月累「智慧+學問+財富」三合一的傲人成就將非「太陰星」莫屬。

圖片聯想記憶法：貪狼星（Geisha）

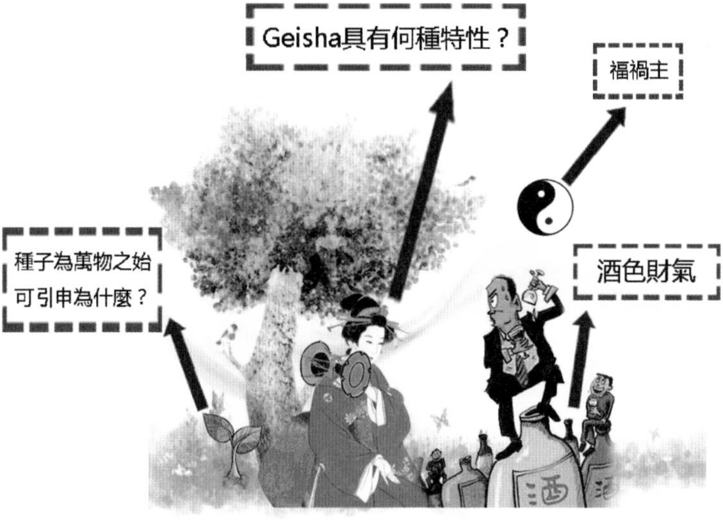
Geisha具有何種特性？
福禍主
種子為萬物之始
可引申為什麼？
酒色財氣
酒

貪狼：Geisha，桃花星
特質：才藝、慾望、福禍主
優點：機靈、善於交際、野心十足、懂得享受人生
缺點：喜新厭舊、貪快沒耐性、喜不勞而獲

貪狼的象徵為Geisha。Geisha一詞取自於日本技藝之意，有著演藝人員或表演人員的意思。演藝人員須有什麼專長呢？除了樣貌姣好之外，還需要擅長歌舞及表演的才華，因此化氣為「桃花」，是一顆可以穿梭在複雜人群中，並且懂得討好別

人，察言觀色，抓住人性的一顆星。演藝人員因時常要穿梭在燈紅酒色中，當然免不了交際應酬、酒、色、財、氣，注重美感與物質。新潮、流行、打扮、新鮮的事情樣樣都難不倒貪狼。興趣廣泛、好奇心強、喜歡學東西也是貪狼的另一個好特性哦！

貪狼顧名思義為「貪心的狼」，不時地在等待獵物的出現。因此主掌「慾望與物質」，主司「福禍主」。貪狼星之人通常理想與慾望都很高，不易滿足現狀，也因為這股慾望之心而使貪狼星之人像樹木一樣不斷往上爬，但也因為這股慾望之心而使貪狼星容易流於急功近利、貪快不求甚解、沒有耐性多學少精。貪狼也為福禍之主，表示與修道有緣。若能拋開酒、色、財、氣，將此股慾望轉向正面，例如修身養性等領域，是福是禍往往只在一念之間。

種子代表萬物之始，貪狼除了也適合擔任家常性技藝、學術之類的啟蒙老師之外，也與生育、壽命有關。

貪狼星的特質

① Geisha：代表娛樂圈、桃花、才藝、酒色財氣、應酬之事。
② 慾望之主：代表物慾、財慾、情慾等。
③ 福禍主：與修行、玄學、靈學、養生學有關。
④ 甲木為萬物之始，與生育、壽命、教學有關。
⑤ 代表新鮮、新奇、標新立異之物。

有關貪狼的傳說

代表人物為本故事的女主角，也是紂王的愛妾妲己。妲己本為狐狸精，奉九天玄女之命，化身為一天下無比的美女，來迷惑紂王，意圖消滅殷商。妲己豔麗豐滿，擅長歌舞琴技及交際手腕，成功取得紂王的寵愛，使紂王從此不理朝政。她還唆使紂王用美酒做兩個大「酒池」，並在酒池中間造一小山，插上樹枝，在樹枝上掛滿薄薄的肉片，當作樹葉，稱為「肉林」。紂王與妲己成天就在「酒池肉林」裡通宵達旦，飲酒作樂，過著極奢侈糜爛的生活。終於，紂王朝政荒廢，江山崩潰，完成九天玄女交代的任務。滅商後，妲己被姜子牙所捕而處死。死後靈魂被召回天界。

由於妲己本性貪婪、為酒色財氣、慾望之魔，因此在妲己的宮門之外，有兇猛的狼群守護著，以斥令她必須安分守己守在宮中。於是受封為「貪狼星」，主管「慾望與物質」。

貪狼

故事的聯想與人物分析

- 貪狼外表豔麗，能歌善舞，異性緣佳，外交手腕好。你覺得她適合何種工作性質？才能發揮其特性？
- 妲己為狐狸精所變，她一方面需掩飾自己的身分，一方面又懂得抓住人性，討好紂王，達到自己的目的，她給人何種感覺？有何缺點與優點？你有何建議？
- 妲己成日與紂王在酒池肉林裡狂歡作樂，她使你聯想到什麼？此人的生活通常與何有關？

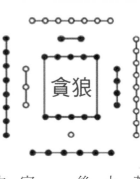

貪狼星的人生啟示

貪狼星具有多才多藝、最懂人性的特質

故事中雖然把貪狼星形容的很壞，但其實貪狼星之人具有很多的優點哦！除了姣好的臉蛋外，多才多藝、能歌善舞、懂得人性的心理，才能這麼容易抓住紂王的心。貪狼星是慾望之主，能施福也能降禍，慾望能使人進步，也能使人利慾薰心，迷失自我。

貪狼的福禍是與因果有關，種善因則能得福果，種惡因當然就得禍果了。

妲己迷惑紂王，又情不自禁被紫微的美男子所迷住，色慾之心油然生起，因此常不自覺的陷入愛與被愛的複雜感情之中。所謂「桃花犯主，為至淫」在斗數中貪狼是標準的「桃花星」，若能將此桃花性質發揮在工作才藝上，則此桃花即變為「人緣桃花」，所謂「人脈就是錢脈」，而不是被做成「肉丸子」的「桃花劫」了。

圖片聯想記憶法：巨門星（嘴巴）

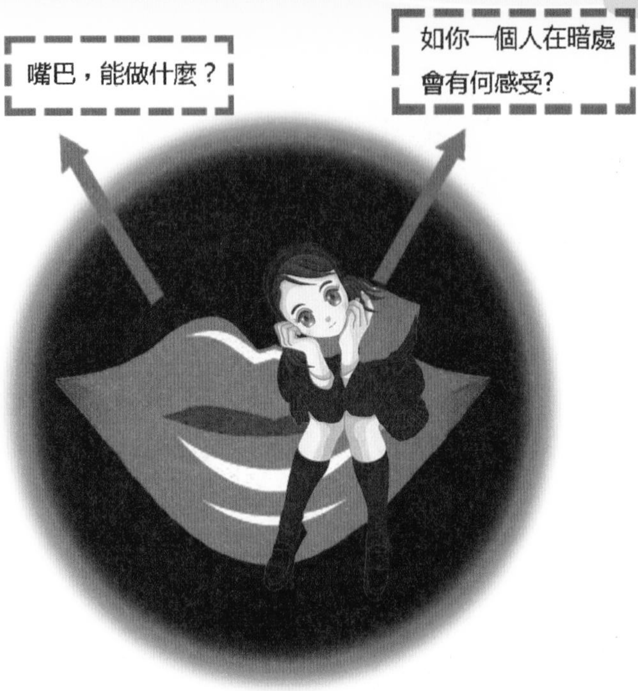

巨門：嘴巴、口舌疑惑星
特質：能言善道、事事存疑
優點：觀察力強、能言善道、喜解說性事物、喜嘗試各種美食
缺點：懷疑心重、多埋怨、好逞口舌、挑剔不服輸

巨門顧名思義為巨大的門，「門」為進出的關口，在物可引申為是非關口、陰陽交口、動靜界限等。在人可引申為嘴巴、食物進出口處。嘴巴能做什麼用呢?說話、吃飯、講

人是非……。巨門星一生中總離不開與「口」有關的東西。「口」可用來談論、溝通、化解誤會、增進人與人之間的關係。也可用來批評、攻擊他人、東家長西家短、顛倒是非等。究竟是「喋喋不休、言之無物」的大嘴巴呢？還是「惜字如金、言之有物」操縱是非關口的智者？陰陽交口，天堂與地獄只在一線之間。

「口」也可用來吃東西，巨門星也是紫微斗數裡最有口福的一顆星。愛嚐各種美食也是巨門星的優點之一。可將疑惑是非轉為研究的力量，那麼美食專家、料理達人則非你莫屬。

巨門化氣為「暗」，如同一個人身在暗處。若你一個人身在暗處，你會怎麼樣呢？感到害怕、恐懼、沒有安全感是嗎？巨門星因有如此特性，因此它對身旁事物，時常存有懷疑、不信任的態度。又，因身在暗處，對別人的一舉一動看得特別的清楚，具有很強的觀察與洞悉能力。又，因為自己身在暗處，那自己做什麼事別人當然不會知道了。所以偷偷摸摸、暗暗來、非法的、欺騙的……騙人與被騙也是巨門星時常碰到的頭痛課題哦！

巨門星的特質

①口：靠自己口生財的行業。例如講師、律師、歌星、播音員等。靠他人口生財的行業。例如牙醫、齒模技師、藥劑師、餐飲業等。

②「禍從口出、病從口入」：與醫學、藥物、食品有關。

③化氣為「暗」：與非法、欺騙、賭博有關。

④代表藥物或吃的道具，例如餐飲器具、飾物等。

有關巨門的傳說

代表人物為姜子牙的太太馬千金，為人現實而短視，經常以懷疑、嫉妒、爭吵對待別人，甚至得罪了所有丈夫的親戚與好友，使得沒有人再幫她的丈夫，她的丈夫也因此一直走不了好運。賣扇子就下雨，賣雨傘就出太陽，馬千金就認為丈夫沒有用，更加對他嘮嘮叨叨或藉機吵架，逼得姜子牙寧可出去釣魚，也不願在家。馬千金看他一天到晚只會釣魚，不會賺錢，就更加生氣。忍無可忍便與他離了婚。後來姜子牙受周文王重用，拜為一國軍師，馬千金後悔，想再續前緣。姜子牙就潑了一盆水說，若她能將此水收回來就重修舊好。

這就是所謂「覆水難收」的故事。馬千金羞怒萬分，當晚便投繯自縊了。死後靈魂被召回天界。由於馬千金時常以爭吵、抱怨來對待自己的情緒，就好像一個大嘴巴一樣，於是讓她住在一個特別巨大的門所製成的宮殿內，以警示她口無遮攔就如門無遮攔一樣，容易招惹是非、得罪人。於是受封為「巨門星」，主管「是非與疑惑」。

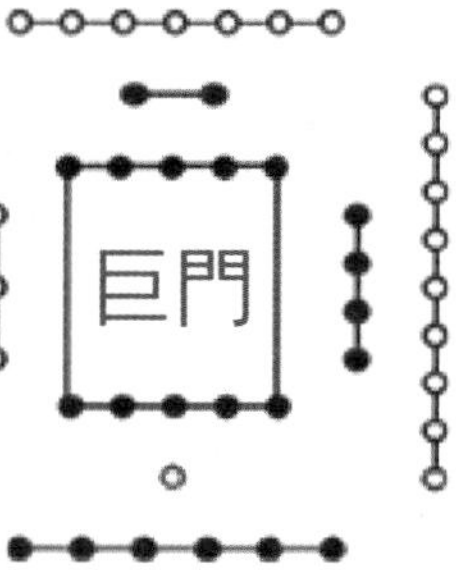

故事的聯想與人物分析

- 馬千金有何個性缺憾？此種性格會為人生帶來什麼樣的命運？
- 她的婚姻好嗎？問題出在哪裡？
- 馬千金的婚姻最後以離婚收場，是命中註定的嗎？可以改變嗎？
- 她有什麼優點？可加強成為生命有力的能量？

巨門星的人生啟示

巨門星應少抱怨，以免壞了自己與配偶的運氣

故事中可知馬千金對自己的配偶時常表現不滿、嘮嘮叨叨，破壞了對方運氣，自然也使自己氣場拉低。要知道夫妻本為同林鳥，有著很接近的磁場，如果對方運氣不好，自己也不會好到哪裡去。抱怨並不能解決問題，若能將「嘴巴」的性質，化為溝通與鼓勵，這樣對方很快就能撥雲見日，自己自然也能水漲船高了。

馬千金勢利及短視，不能明察、欣賞深具潛能的丈夫，予以協助，而坐失成為一國軍師夫人的機會。因此又有「暗星」之稱，表暗昧、不明事理之意。在現實生活中是否也如此呢?不能看清現狀，把握身邊深具潛能的機會，只會追逐既有現成或看得到的利益，並以懷疑、不滿的心情來發洩當前的不順，只會徒增人生的挫折及人際關係的磨擦與口舌是非，因此虛心、謹言慎行是巨門星成功的秘訣哦!

圖片聯想記憶法：天相星（掌印之人）

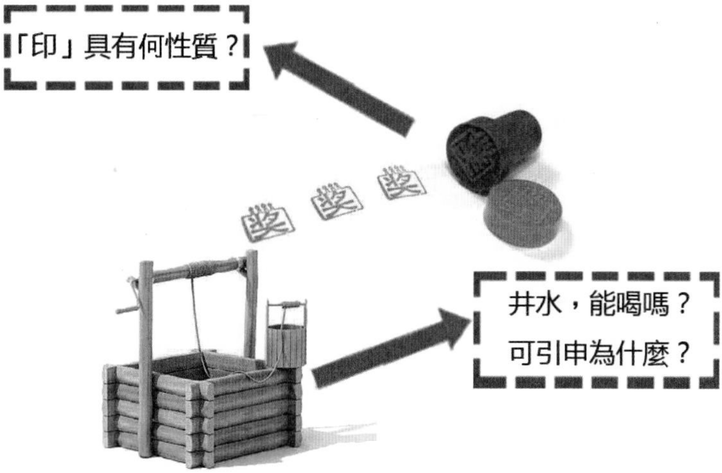

天相：掌印之人、印星
特質：盡忠職守、服從、務實
優點：服從性強、敦厚忠實、穩重不誇張、好打抱不平、有惻隱之心
缺點：容易相信人、輕言允諾、多說少做、虛榮心

天相顧名思義為「天生的宰相」，是古代掌管國家印璽，執行皇帝命令之人，因此化氣為「印」。「印」具有印信、公證力、責任、擔保之意，所以天相星之人處事公正、認真負責、盡忠職守、做事謹慎且保

守，能為老闆執行命令成為其身邊得意的助手。

掌印之人本身並不具有任何的權力，此種職位類似於現今社會的代書、代理人、經紀人或老闆的祕書之類在中間執行權令之人。因此天相星主管「慈愛與服務」，具有慈愛、為人服務的熱忱，但卻又有「愛管閒事又怕惹事」的媒婆性格。天相本身因不具權力，因此也是十四顆主星中最可以降低自己跟隨強勢之星。只要他喜歡妳，被他鎖定為偶像，必定可以為你犧牲奉獻、服務到底。為人服務是一件好事，但不能「愚忠」，要培養慎選「明君」的識人能力，免得一片赤膽之心，反遭人利用與連累那就不值得了。

天相也為「天生的相貌」、衣食之主，對於吃、穿具有很高的敏銳力與鑑賞力，可成為相當出色的形象顧問、服裝設計、美食專家等。天相星務實的個性，不至於花枝招展，但卻能穿著得體，讓人看起來精神奕奕。因此當你看到一個天相星坐命之人外表邋遢、不修邊幅、青春痘滿臉時，那就是運氣開始走下坡的徵兆哦！

天相星的特質

① 印：代表證書、文書，任何需要蓋印的文件。

② 印：代表代理人、經紀人，任何有關事件的中間人。

③ 衣食之主：與打扮、衣著、吃穿有關。

④ 天生的相貌：代表與臉、穿著有關的飾品。例如鏡飾、化妝品、圍巾、服飾等。

有關天相的傳說

代表人物為紂王的忠臣聞太師，太師即是宰相。在當時是掌管大印的官，執行皇帝的命令。凡任何下達的文件若無蓋印，則不具效力。因此是僅次於皇帝之外，最具有權令的一個職位。聞太師為人忠肝義膽、勇於諫言、勤政愛民，是首相比干去世後，唯一忠心的大臣。他眼見商紂一片腐敗，仍一片丹心，苦口婆心向紂王進諫，要求紂王廢除妲己，除奸臣費仲等。無奈匹夫之力難挽大局。在朝政敗壞、眾叛親離之際，仍堅守崗位，領兵與周軍對抗。終於「鞠躬盡瘁，死而後已」，戰死在沙場。死後靈魂被召回天界。由於掌玉璽之人，是要有責任心，深得信賴之人。聞太師安分守己、盡忠職守地履行他身為宰相的職責。於是受封為「天相星」，主管「慈愛與服務」，以讚美他不愧為「天生的宰相」之美譽。

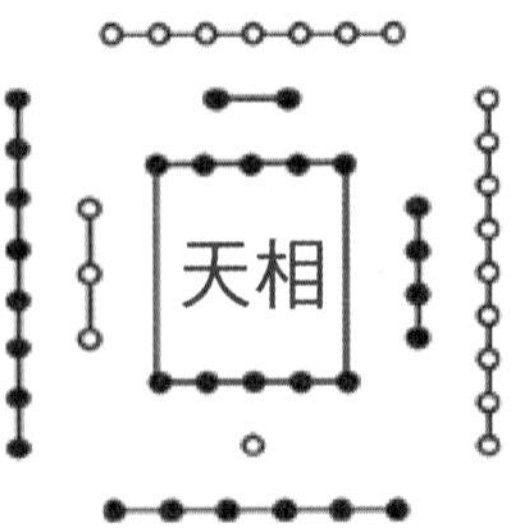

故事的聯想與人物分析

- 聞太師是當時的宰相，掌管國家大印，執行皇帝的命令，在現今社會相當於什麼職位的官?在私人機構裡類似於什麼樣的職位?
- 聞太師打抱不平，勇於諫言的性格好嗎?為什麼?
- 聞太師是什麼樣性格的人，他的變通性好嗎?
- 你欣賞他忠貞節烈的性格嗎?為什麼?

天相星的人生啟示

1．天相星具有盡忠職守、謹慎踏實的好特性

天相即「天生的宰相」，古代可以留在帝王身邊掌管玉璽之人，都必須是謹慎踏實、盡忠職守、保證對帝王忠心、值得信賴之人。天相星即具有此種非常務實的特性，可以任勞任怨、對上司忠心耿耿，別看他似胸無大志，其實行事非常謹慎、思考周密、能承上啟下發揮他領導的才華，並擁有可以犧牲小我處處為別人設想之慈愛特性。絕對是老闆不在時可以代替老闆執行任務、把公司管理得很好的第一把副手。

2．天相星具有愚忠的缺點

天相星之人具有謹慎、冷靜、忍耐的好性質，在婚姻關係上是很好的結婚對象，可以為了自己所愛的人犧牲一切，在家相夫教子。也因為她的冷靜與忍耐而使得婚姻危機一次又一次化險為夷。忠心固然是好事，但卻有愚忠的缺點，就是明知有些人或事是錯的，仍願意苦口婆心、癡癡地在等待，以為對方會被自己感動或回頭。結果就像聞太師

一樣「鞠躬盡瘁，死而後已」，可能還助紂為虐。由於自己一再的姑息與委曲求全，促使當事人忽略你的感受，以為一切的忍耐都是應該的。犧牲小我、完成大我固然是天相星的好特質，但只是一味的犧牲，而忽略了自己內心真正的需要，那對自己就太殘忍了哦！

天相星忠貞不二、盡忠職守的精神，往往會是老闆身邊得力的左右手，能得老闆的器重，成為公司裡的重要人物，協助老闆執行命令。又因其有「勤政愛民」的好特性，會是很好的人事主管。但卻有點「愚忠」的缺點，選擇「明君」培養識人能力是天相星需要努力的課題，免得一片丹心照明月，還助紂為虐，戰死沙場，在工作與感情上為誰辛苦為誰忙的心酸，只有當事人才會知道了。

圖片聯想記憶法：天粱星（老人）

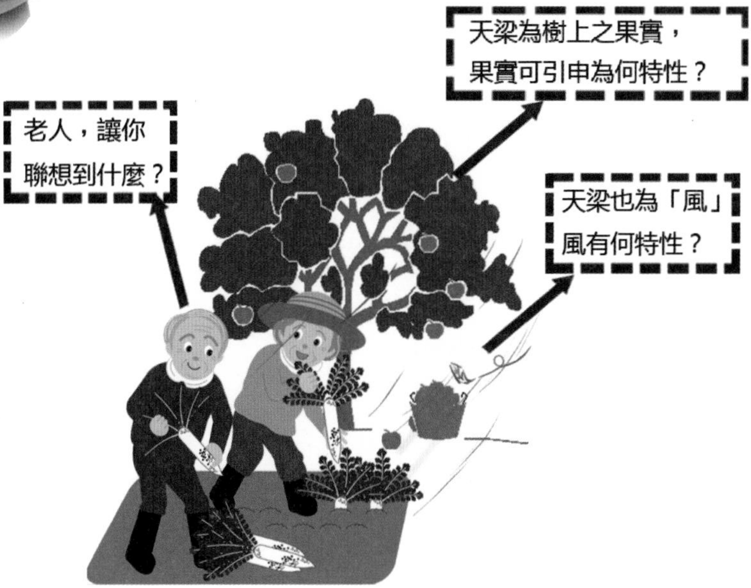

天粱：老人、蔭星
特質：傳統、照蔭、有長者風範
優點：有施濟之心、念舊、心軟、做事三分情，不會逼人絕地
缺點：老氣橫秋、太早熟世故、容易為大小事心煩

天粱為老人星。老人使你聯想到什麼呢？有經驗、長壽、有點囉嗦、頭上沒髮等……。天粱星之人確實擁有上項特性，不是外表成熟就是思想會比實際年齡早熟，容易有免疫系統的毛病而使頭髮稀

少等。老人為有經驗與老字號的代表，可引申為歷史的、古典的、久遠的、傳統的東西或行業。

天梁顧名思義為「天上的樑柱」，支撐著天上與人間，使天不垮，使人不倒，因此化氣為「蔭」，具有照料、照蔭之意。平時別看天梁星之人表現的傻大姐、傻大哥樣，其實三不五時的就喜歡照顧人，具有為人排憂解難的使命，例如醫療事業、中醫師、藥劑師、宗教師、為民請益的長者等。「蔭」表樹蔭，為一棵結有果實的大樹。因此天梁星之人做事有不在乎過程只重視成果的務實特性。又，樹蔭可為大眾遮蔽炎熱的太陽，在風和日麗時，可庇護廣大的人群。但下雨時呢？樹下的人也會被淋濕了。天梁的蔭不是全面性的，帶有個人喜好，總會招人埋怨。

天梁也為風，風具有飄浮、急性的特質。因此天梁星之人雖然外表穩重，但內心其實是非常性急。當他們抓到機會時，他們很懂得見「風」轉舵，改變戰略，尋求如何在隙縫中的生存之道。天梁為老人，老人雖不能領兵作戰，但卻能運籌帷幄，統籌全局，指揮千軍萬馬打戰的軍事、謀略戰家。

天梁星的特質

① 老人星：代表有經驗、傳統、古典、老招牌的。
② 「蔭」星：具有解厄制化的使命。例如中醫師、宗教師、民代等。
③ 老人星：具有運籌帷幄、紙上談兵的特性。
④ 代表古物、傳統、歷史性的事物。例如木乃伊、金字塔、籐椅等。

有關天梁的傳說

代表人物為周文王的元帥李靖，又名李天王。深具軍事韜略與兵法，本為商紂鎮守潼關的大將。後因商紂無道，欲拯救百姓脫離水火之難，也不得不與三個兒子金吒、木吒與哪吒投奔周朝成為伐紂大軍的統帥。與軍師姜子牙一主領兵作戰，一主策劃分析，終於完成了滅紂任務。周武王本要論功行賞的，但李靖父子四人都淡泊名利，以修仙道

天梁

為終生職志，均退出朝廷。李天王身經百戰，經驗豐富，都沒有戰死，還活到很老。本不應封為天神的，但因當時缺乏天神，還是將他召回天界。

由於李靖軍紀嚴明、奉公守法、不以名利為目的，具有「天良」悲天憫人的胸懷，且得長壽而善終。於是受封為「天梁星」，主管「恆常與統率」。

李靖是所有星系裡面唯一沒有死就飛天成仙的，因此又有「地仙」之稱。

故事的聯想與人物分析

- 天梁星是「有經驗」與「長壽」的代表，「有經驗」與「長壽」，可讓你聯想到與現實生活中何者有關？
- 「地仙」讓你聯想到什麼？有何本領？

天梁星的人生啟示

1．天梁星具有長壽的性質

李靖是所有星系裡面唯一沒有死就被召回天界飛天成仙的。因此又被喻為「地仙」。未病先防病，於老則尋求延年益壽之道，這就是天梁星深謀遠慮、防患未然的特質，繼而促成了他的長壽。凡是能延年益壽的，天梁星都會很開心去鑽研，並將它融入生活中，因此也有福壽的象徵。

2．天梁具有「天良」，淡泊名利的性質

伐紂成功後，李靖寧捨榮華富貴選擇修道去造福群眾，顯示天梁星是個具有原則並慈悲為懷之人（蔭的性質），重視一個事件的成果多過名利，因此常被人定位於「不會隨波逐流、自命清高」之人。當你瞭解他們的特性之後，你就可以完全掌握到與他們相處之道。

3．天梁星愛宗教、古典、神祕的學術

李靖，一位歷經無數戰場的大統帥，願拋下所有得來不易的偉績，以修仙道為其終生職志，可見與五術的緣深。在其領兵作戰期間，他所使用的兵法也均離不開五術的原理。以柔克剛、人攻我守、人動我靜等之類的陰陽互動聯繫。所以每每處於危機時，李靖都能表現出深謀遠慮、謀定而後動的智慧。因而具有化難成祥、解厄制化的特質。戰術與五術，皆是著重於精神層面的智慧。如果你想與天梁星這類人合作共事，就必須學會與他們的精神上做交流與互動，贏得他們的好感與信任，亦師亦友，方能合作愉快。

李靖因身為統帥，必須以身作則，軍令如山。即使兒子犯了法也須依法辦事。因此是個非常注重原則之人，有時不免給人固執的感覺。其實天梁心地是非常善良且喜歡幫人排解困難的，因身為領導必須深思熟慮，謀定而後動，才能穩定軍心。故常給人內斂、老成持重之狀。若能適當的放下原則，去接納更多的人、事、物，將使自己的人生視野更開闊，心情更自在哦！

圖片聯想記憶法：七殺星（Samurai）

七殺：Samurai、將星
特質：行動力、講義氣
優點：不畏人言、行動力、講義氣、能獨當一面、言出必行
缺點：衝動、孤獨自我、不能將心比心、率性而為

七殺為Samurai。Samurai一詞取自於日本武士之意。是古代拿著刀或劍保護君主或為君主出外打仗之人。保護君主之武士需時時刻刻提高警覺，保持冷靜的頭腦以隨時應戰，還要有忍受

孤獨的意志力。所以真正的七殺星之人頭腦是非常冷靜，平時不愛外出，外出是為了打仗。因此化氣為「權」，主管「激烈與肅殺」。他們通常都有股正氣與正義感。絕不允許他們的君主，甚至於自己或朋友受別人欺負。

七殺為陽金，陽金為地上看得見的黃金。若大家看到地上有黃金，他們會怎麼做？會一窩蜂的去搶是嗎？因此，七殺星的來財總是充滿了風險、競爭，如何在對手與競爭裡脫穎而出，是七殺星頭腦裡時常思考的課題。又，陽金也代表已經出土並製成型的金屬，例如刀鐵、兵器、建築物的鋼鐵等，可救人也可傷人。因此七殺星之人也總是在正義、邪惡與黑、白兩道之間徘徊。刀鐵、兵器性屬「清涼」，遇冷則冷，遇熱也會很熱，而且冷熱轉變很快。當他覺得你對他很好時，他會對你很好。當他認為你背叛他時，他也會一去不回頭。

你看前面的爬蟲類、蛇類，你認為面對惡勢力的七殺星會害怕、退縮嗎？七殺星的使命是專門打倒敵人，在競爭中脫穎而出，捍衛自己權利之人。所以對付七殺星只能動之以情，不能用之以武，他們通常都是吃軟不吃硬。瞭解了七殺星的特性之後，你知道要如何與他們相處了嗎？

七殺星的特質

①代表外出、環境變化的敏感力。
②代表競爭能力的強弱。
③陽金：代表刀鐵、兵器、鋼骨建築、人體脊椎骨等。
④代表刀鐵、金屬器物、意外、刑傷等。

有關七殺的傳說

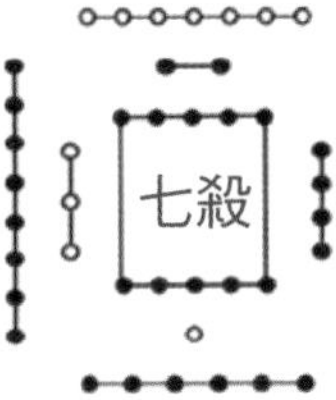

代表人物為紂王鎮守邊疆大將黃飛虎，是貞節拒淫賈夫人（太陰星）的丈夫。黃飛虎由於任務需要，常需在外作戰或留在軍營，無法時常留在妻子身邊陪伴妻子。有天他如昔出外領兵作戰，突然聽到美麗的愛妻為抗拒紂王強暴墜樓身亡的消息後，突受刺激，一氣之下馬上率兵轉投周文王。一路披荊斬棘，不畏生死，衝破重重關卡，終成為伐紂先鋒大將軍，勇戰沙場，為武王伐紂大業立下了汗馬功勞。黃飛虎屢次率兵攻殷，攻無不克，每戰必勝。但不幸在最後一戰中，於澠池縣戰死。死後靈魂被召回天界。

由於黃飛虎為人忠貞，不懼生死，具有勇猛的精神，恰與戰鬥之神七殺星的特性相吻合，於是受封為「七殺星」，主管「威嚴與肅殺」。專管出外、戰鬥之事。

故事的聯想與人物分析

- 七殺星因為一戰將，威震邊疆。「威震邊疆」可讓你聯想到什麼？與何人、何種工作性質有關？
- 他遇事的反應如何？有何優缺點？你有何建議？
- 他對外、對環境的適應力強嗎？為什麼？
- 七殺星因專管戰爭之事，你可想像他的人生重點將為何？
- 若你的配偶是七殺星，其具有何種特質？你將如何與他／她相處？

七殺星的人生啟示

1．七殺星具有「威震邊疆」的使命

七殺星是征戰的將軍，是一位衝鋒陷陣、率軍殺敵的大將，因此必須在亂世裡才

能顯示出其才華與機變的特性。越是高挑戰、困難重重的，越能激發出七殺星內裡將軍星的基因，展現其獨當一面、先斬後奏的膽識。唯有外出，將自己處在競爭激烈的環境中，如身在戰場般，方能突顯出其驍勇善戰、越戰越勇的戰鬥精神。因此身為七殺的你，不外出，生活過於安逸，猶如只呆在皇宮內候命，那豈不是英雄無用武之地嗎？

2．七殺星不愛貪狼，只愛太陰

貪狼星風情萬種、傾城傾國的美色，成功迷惑了不少眾男。但對於剛強、一板一眼的七殺星就一點也起不了作用。由故事中可知七殺與貪狼是一對死對頭，七殺不愛太性感、矯揉造作的異性，欣賞的是如太陰般溫柔婉約、清純、不造作的氣質，不需華麗的裝扮、太誇張的動作，只需含蓄的嫣然一笑，反而能溶化心性剛強、冷漠不苟言笑的七殺，成功擄獲他們的心。

七殺星為領兵作戰帶兵的將領，因此具有不怕困難、突破重圍的堅強特性。但因受刺激，轉投敵方，不免也帶有反抗、背叛的因子存在，遇到問題時會馬上做出反應。有時不免給人衝動欠缺理性的負面印象。因此，應多培養自己的耐性，以靜制動。在工作上衝鋒陷陣的同時，也能學習人際圓融，才是七殺星真正成功之道。

圖片聯想記憶法：破軍星（大海）

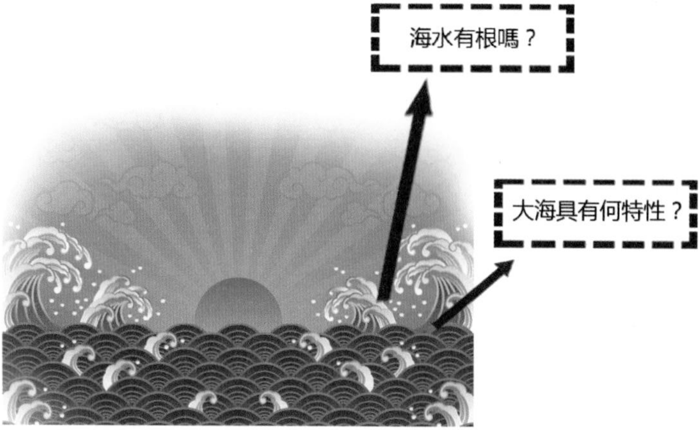

破軍：大海、變動星
特質：變動、不守舊
優點：不拘小節、大而化之、求新求變、能突破瓶頸創造更高顛峰
缺點：過於敏感、不能專一、心性變化無常、事事不能持久

破軍為大海。大海具有何種特性呢？承載、變動、一波一波、長江後浪推前浪的功能。大海可承載萬物，任其漂浮。也可席捲萬物，海天狂嘯，天地為之變色。因此破軍星具有「顛覆」的本領，能轉危為安，也能顛覆朝政、無風不起浪。說的好聽一點，是具有亂世英雄的膽識，開疆闢土、突破現

狀、破除障礙、努力達成理想的好特性。卻也同時具有破壞、喜新厭舊、豪放任性，只要我喜歡，凡事做了再說的缺點。因此成與敗、英雄與梟雄也總在一線之間。

破軍星化氣為「耗」，是閒不住之人，最好一天有48小時。海裡充滿了雜質、雜亂的性質，因此破軍星之人不愛單一、一成不變、太傳統的事物，那會令他覺得厭煩，而生起變動之心，故有「先破後成」之稱。又，海浪隨風而飄，風一吹浪就起，海浪的高低卻不是自己能掌控，所以外表豪邁不拘的破軍星也有感性、敏感、情緒的另一面。

大海有根嗎？大海的根在哪裡呢？大海如此深奧，我們根本不知它的根在哪裡？因此破軍喜歡流動、飄泊、不愛有定點、被拘束的工作方式。四海為家，四海之內皆兄弟是破軍星最具刺激與挑戰的生活方式了。

破軍星的特質

①海水：具有承載、變動、破壞、去舊除新的特質。

②海水：具有不單一、雜亂的特性。不論在人或在事。

③海水：無根之水，代表流動、無定點式的人或事。

④代表貝殼、螃蟹、蝦子等有殼生物，舟車船艦模型。

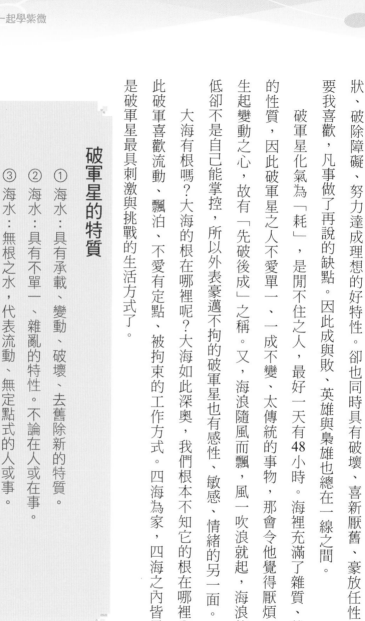

有關破軍的傳說

代表人物為本故事男主角紂王，是前朝皇帝的第三太子，前有兩位哥哥。只因紂王孔武有力，因此在眾臣推薦下，繼承了王位。紂王執政初期，尚能勤政愛民，國家也一時和平安詳。但自從妲己出現後，紂王性情就變了，他整日飲酒貪色，荒廢朝政，還殺死許多大臣，甚至連與自己同甘共苦的元配姜皇后也害死。最後終搞到天怒人怨，眾叛親離，敗壞江山。祖宗留下來的基業就這樣敗在他的手中。紂王自知大勢已去，便至摘星樓放火自焚。一代暴君就此結束了自己的性命。死後靈魂被召回天界。

由於商紂王在困境時能勤政愛民使國家強盛，但又在國家強盛期荒廢朝政，使國家滅亡，具有衰而振盛、盛極而衰的變動特性，於是受封為「破軍星」，主管「破損與消耗」。專管事件變化的樞紐。

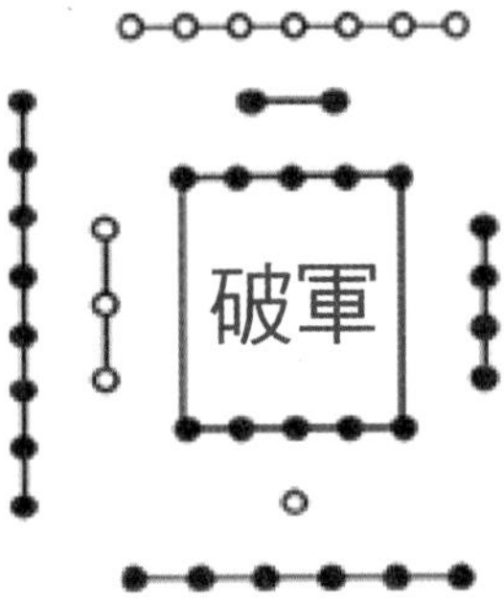

故事的聯想與人物分析

- 破軍星早期的性格和晚期的性格有何不同？意味著人生有何變動？
- 他可以守得住祖先的績業嗎？原因出在哪裡？
- 破軍星喜歡怎樣的異性？對他人生有何影響？
- 破軍星又代表「先破後成」，你要如何利用「先破後成」的特性發揮在工作事業上？

破軍星的人生啟示

1．破軍星需要「孔武有力」

破軍星之可以壓倒兩位哥哥，坐上殷朝王位，是因為他「孔武有力」。因此破軍星之人要「孔武有力」運氣才會好，才可成就較大事業。就算不那麼「孔武有力」，最低程度要有點肌肉，像擁抱海洋一樣讓人看起來很健康。所以建議破軍星之人要多運動鍛鍊自己的體格，才可開創江山，成就大事業，受人擁戴。

2．破軍星創業容易守業難

紂王執政初期，尚能勤政愛民，國家也一時和平安詳。但自從妲己出現後，紂王性情就變了，他整日飲酒貪色，荒廢朝政，還殺死許多大臣，甚至連與自己同甘共苦的元配姜皇后也害死。

顯示了破軍星有兩種完全不同性格，即在「艱難時期」與「享有成就時期」性格完全不同。

破軍星的優點是無論在何種困境中，都能發揮堅強性格，不向環境、惡勢力低頭，其衝鋒陷陣蠻幹到底的個性為殺破狼之冠。擁有變動、改革、不認輸、不斷往上衝的爆破能量，感情生活也頗能相惜相憐。但一旦有了成就以後，就會開始鬆懈自己，忘記了當初是如何辛苦而來的，甚至對於自己的配偶，曾經與自己同甘共苦的糟糠之妻，都會興起厭惡的心情。這是需要注意的地方。

古文有曰：「破軍財帛位，如湯澆雪。」、「破軍居奴僕，謗怨私逃。」、「破軍居田宅，祖基破蕩。」在在都在暗示著破軍星是一顆當他什麼都沒有的時候，他會努力去創造未來的一個人，但當他什麼都有的時候他就容易放蕩，不懂得珍惜。因此如果你

有子女是破軍星坐命的話，最好讓他自己創業，歷經千辛萬苦之後再將祖業放給他，這樣他就不會變為敗家子、祖基破蕩之人了。

3．破軍星喜多變、風情有致之伴侶

由故事中可以知道破軍星是比較喜歡像貪狼一樣懂得幽默、風情有致之伴侶。因此身為破軍星的另一半，要明白破軍星具有變動、不斷求新的性質。賢妻良母固然是好，但千萬別讓自己成為固定模式、一成不變之人，要時時給自己注入新生命，充實自己、學習幽默，增加夫妻間的生活情趣，這樣另一半才不容易被貪狼偷走哦！

破軍星擁有旺盛的體力與精神，身上擁有一股不可思議的「爆破」能量，此能量非常適合運用在開創事業與日日求新的現代工作上，能突破傳統建立自己的風格。但因其存在著「不穩定」的變動因素，不易貫徹始終守住既有的績業，若能適當放下「獨裁」的執著，在思變動的同時也能飲水思源，則「先破後成」的使命，將使你成為眾人擁戴的英雄，而不是敗壞祖業、千夫所指的梟雄了。

國家圖書館出版品預行編目資料

一看就懂，紫微幸福開運／鄭莉安著.
－－第一版－－ 臺北市：知青頻道出版；
紅螞蟻圖書發行，2010.09
面　　公分－－(Easy Quick；105）
ISBN 978-986-6276-28-6（平裝）

1.紫微斗數

29311　　99014786

Easy Quick 105

一看就懂，紫微幸福開運

作　　者／鄭莉安
校　　對／楊安妮、周英嬌、鄭莉安
發 行 人／賴秀珍
榮譽總監／張錦基
總 編 輯／何南輝
出　　版／知青頻道出版有限公司
發　　行／紅螞蟻圖書有限公司
地　　址／台北市內湖區舊宗路二段121巷28號4F
網　　站／www.e-redant.com
郵撥帳號／1604621-1　紅螞蟻圖書有限公司
電　　話／(02)2795-3656（代表號）
傳　　眞／(02)2795-4100
登 記 證／局版北市業字第796號
港澳總經銷／和平圖書有限公司
地　　址／香港柴灣嘉業街12號百樂門大廈17F
電　　話／(852)2804-6687
法律顧問／許晏賓律師
印 刷 廠／鴻運彩色印刷有限公司
出版日期／2010年 9 月　第一版第一刷

定價 320 元　港幣 107 元

ISBN 978-986-6276-28-6　　Printed in Taiwan